I0018975

Exceller dans le service à la clientèle avec SAP® CS

Diogène Ntirandekura

Merci d'avoir acheté ce livre d'Espresso Tutorials !

Telle une tasse de café, un expresso bien sûr, les livres sur SAP d'Espresso Tutorials sont concentrés et agissent sur la performance. Nous comprenons que le temps vous est compté et mettons ainsi à votre disposition, avec concision et simplicité, ce qu'il vous faut savoir. Nos lecteurs n'ont besoin que de peu de temps pour absorber les concepts de SAP. Nos livres sont reconnus par nos pairs pour leur pédagogie de type tutoriel et leurs vidéos démontrant pas à pas comment bien manier SAP.

Suivez notre chaine YouTube et regardez nos vidéos à l'adresse suivante : *https://www.youtube.com/user/EspressoTutorials*.

Sélection d'ouvrages similaires d'Espresso Tutorials :

▶ Ann Cacciottoli : Vos premiers pas avec SAP® Finance (FI)
  http://5184.espresso-tutorials.com

▶ Ashish Sampat : Vos premiers pas avec SAP® Contrôle de gestion (CO)
  http://5186.espresso-tutorials.com

▶ Dominique Laurent : SAP® Contrôle des coûts par produit (CO-PC)
  http://5189.espresso-tutorials.com

▶ Sydnie McConnell, Martin Munzel : Vos premiers pas avec SAP®
  http://5184.espresso-tutorials.com

▶ Cyrille Debacq : Vos premiers pas avec SAP® ABAP
  http://5252.espresso-tutorials.com

▶ David Nissan-Arami, Cosmin Novac, Frank Hecker : Introduction à SAP® BusinessObjects Web Intelligence
  http://5382.espresso-tutorials.com

Notre bibliothèque de livres numériques sur SAP

en lecture illimitée :

http://free.espresso-tutorials.com

▸ Un abonnement annuel qui vous offre l'accès en ligne à plus d'une centaine de tutoriels (livres et vidéos).

▸ Tout ce qu'il vous faut savoir sur SAP en quelques clics.

▸ Bénéficiez d'un essai gratuit dès aujourd'hui, sans engagement !

Diogène Ntirandekura
Exceller dans le service à la clientèle avec SAP® CS

ISBN :   978-3-96012-440-5

Édition :   Sylvie Pons

Couverture :   Philip Esch, Martin Munzel

Photo de couverture :   iStockphoto.com | Neustockimages No. 614836688

Conception graphique :   Johann-Christian Hanke

Tous droits réservés.

1e édition 2019, Gleichen

© 2019 par Espresso Tutorials GmbH

URL : *www.espresso-tutorials.com*

Tous droits réservés. Toute copie ou reproduction de cette publication, intégrale ou partielle, par quelque procédé ou sous quelque forme que ce soit, et toute traduction dans une autre langue est illicite sans l'accord préalable d'Espresso Tutorials GmbH, Bahnhofstr. 2, 37130 Gleichen, Allemagne.

Espresso Tutorials ne donne aucune garantie quant au contenu présent et décline tout particulièrement toute garantie implicite de qualité marchande et d'adéquation à une fin particulière. Espresso Tutorials ne saurait être tenue pour responsable de toute erreur qui pourrait se trouver dans cette publication.

Commentaires
Nous vous serions reconnaissants de nous adresser vos commentaires sur ce livre. Merci de nous écrire à *info@espresso-tutorials.com*.

Table des matières

Préface

SAP est un progiciel de gestion intégrée qui recouvre de nombreuses fonctionnalités. Lorsque l'on pense à la gestion d'une entreprise, on se réfère souvent aux modules d'achat, de vente, de gestion financière ou encore de ressources humaines.

Quid des modules SAP qui ont trait à d'autres aspects de la gestion d'une entreprise ? Même si la vente est évidemment essentielle à la survie d'une entreprise, le service après-vente l'est tout autant.

Dans SAP, il est possible de gérer le service à la clientèle de façon intégrée avec les autres fonctions d'une organisation.

Le but de ce livre est de vous présenter ce que SAP permet de faire en matière de service à la clientèle.

À cet effet, une société fictive appelée Smart Fone, basée à Montréal au Canada, va nous servir de fil conducteur pour comprendre les principaux scénarios d'affaires couverts par SAP pour toute société prestataire de services.

Cet ouvrage s'adresse aux utilisateurs finaux, aux consultants, aux gestionnaires de projet et à toute personne désireuse d'acquérir ou de parfaire ses connaissances dans le domaine du service à la clientèle, via SAP.

Remerciements :

Je remercie tout d'abord ma famille : ma femme Anna, mes chers parents que j'aime, mes sœurs Joyce et Gloria ainsi que mon grand frère David.

Je voudrais aussi exprimer ma gratitude envers Ayoub Habchi pour son aide, ainsi qu'envers tous mes collègues et supérieurs avec qui j'ai eu la chance de travailler depuis le début de ma carrière de consultant SAP.

Je remercie également Espresso Tutorials d'avoir cru en moi et en mon idée pour ce livre.

Nous avons ajouté quelques icônes pour vous permettre d'identifier les informations importantes. En voici quelques-unes :

Conseil

Dans la rubrique des conseils, certaines informations sont mises en évidence, notamment des détails importants sur le sujet décrit et/ ou d'autres informations de caractère général.

Exemple

Les exemples permettent de mieux illustrer un certain point en le reliant à des situations réelles.

Mise en garde

Les mises en garde attirent l'attention sur des informations dont il vous faut tenir compte lorsque vous lisez les exemples proposés dans cet ouvrage en autonomie.

Dernièrement, une remarque concernant les droits d'auteur : toute capture d'écran publiée dans ce livre est la propriété de SAP SE. Tous les droits sont réservés par SAP SE. Les droits d'auteur s'étendent à toute image SAP dans cette publication. Dans un but de simplification, nous ne mentionnerons pas spécifiquement ces droits sous chaque capture d'écran.

1 L'entreprise Smart Fone : présentation

Le but de ce livre est de vous fournir une base solide de connaissances sur le module SAP Service à la clientèle ou CS (de l'anglais « Customer Service »).

Au cœur de notre histoire se situe Smart Fone, une entreprise familiale implantée à Montréal, au Canada, qui commercialise des téléphones intelligents. Créée par son directeur du service clients toujours en poste, Michael Smart, Smart Fone veut innover sur le marché et se différencier grâce à l'excellence de son service à la clientèle. Dans ce chapitre d'introduction, nous allons nous pencher sur la genèse de l'entreprise, ses principaux salariés ainsi que sa structure organisationnelle. L'entreprise et les personnages décrits ici sont tous fictifs.

1.1 Smart Fone, une affaire de famille

Smart Fone représente avant tout l'aventure entrepreneuriale de la famille Smart. Trois frères et une sœur ont décidé de s'associer pour fonder une société. Celle-ci s'est donné pour mission de résoudre deux problèmes répandus à Montréal, le marché étant cannibalisé par une poignée de concurrents : les téléphones intelligents coûtent cher et ont une durée de vie trop courte. De plus, les frais d'entretien de ces téléphones sont trop élevés pour les acheteurs. Il existe ainsi sur le marché une demande latente pour une baisse des prix.

Sous la houlette de son fondateur visionnaire, Michael Smart, Smart Fone a répondu à une double problématique : rendre l'achat d'un téléphone intelligent abordable et offrir un service de première classe pour fidéliser sa clientèle.

Cependant, avant de nous étendre sur le rôle que Michael joue chez Smart Fone, présentons les autres dirigeants de la société.

1.1.1   Jack Smart, président-directeur général

Jack est l'aîné du quatuor de directeurs. Il représente la figure calme de la société. Très orienté opérations et développement de produit, il partage les tâches de représentation et de relations publiques avec Michael, tout en étant moins extraverti que lui.

Jack s'assure que les opérations s'alignent bien sur les stratégies commerciales de moyen et long termes déployées par Smart Fone. En tant qu'ancien directeur général d'une société active dans la distribution d'accessoires électroniques, Jack connait bien le modèle d'affaires imaginé par Michael pour Smart Fone. L'expérience de Jack est cruciale dans la prise de décisions stratégiques de Smart Fone. Au début de l'aventure, Michael s'est dit : « Qui de mieux que mon propre frère pour appliquer ce modèle d'affaires ? ».

1.1.2   Annie Smart, directrice des opérations

Annie Smart, la seule femme administratrice dans l'entreprise, est en charge des opérations internes. Son souci du détail et son attachement à la documentation des processus de Smart Fone font d'elle une directrice des opérations idéale.

Trois types d'opérations sont à gérer au sein de la société :

- ▶ l'administration interne (ressources humaines, finances, juridique, etc.) ;
- ▶ les opérations industrielles (réparation, stockage, distribution) ;
- ▶ les opérations commerciales (marketing, ventes, service à la clientèle).

Méticuleuse, Annie supervise ces trois types d'opérations haut la main et s'avère être une gestionnaire talentueuse.

Elle agit en tant que bras droit de Jack par rapport à tout ce qui se passe dans les bureaux et sur les différents sites de Smart Fone.

1.1.3   Robert Smart, directeur financier

Après vous avoir présenté la méticuleuse Annie et le PDG introverti Jack, nous avons l'as des chiffres : Robert Smart. Sa devise est « ce qui ne peut être mesuré ne peut être accompli ». Robert décortique et mesure l'activité de Smart Fone sur deux plans :

- ▶ la comptabilité financière grâce au module SAP FI ;
- ▶ le contrôle de gestion via le module SAP CO.

L'influence que Robert exerce sur la qualité du service à la clientèle peut se voir tout particulièrement dans le cadre du contrôle de gestion.

1.1.4   Michael Smart, fondateur et directeur du service clients

Comme évoqué plus haut, Michael Smart est le fondateur de Smart Fone. Étant le plus jeune administrateur de la société, passionné de nouvelles technologies et diplômé d'informatique, il a toujours été fasciné par la fabrication d'appareils technologiques (ordinateurs, téléphones, etc.). Depuis l'adolescence, il démonte et monte des engins informatiques.

Outre ses compétences techniques, Michael a également le sens des affaires et a rapidement cerné que, pour réussir dans le secteur, son principal élément différentiateur serait la qualité du service à la clientèle. Il a ainsi concentré un grand nombre de ressources de Smart Fone sur les services après-vente.

1.2   La création de Smart Fone

Smart Fone, une société familiale, a été fondée en 2010 à Montréal, au Canada. Elle commercialise, vend et distribue des téléphones intelligents sous le nom de marque « Smart Fone ». Ces téléphones sont fabriqués par un fournisseur situé en banlieue de Montréal.

L'entreprise comprend vingt-quatre salariés dont les quatre propriétaires de l'entreprise qui sont associés :

- ▶ le président-directeur général, Jack Smart ;
- ▶ la directrice des opérations, Annie Smart ;

- ▶ le directeur du service clients, Michael Smart ;
- ▶ le directeur financier, Robert Smart ;
- ▶ quatre employés de bureau ;
- ▶ cinq agents de service à la clientèle ;
- ▶ six techniciens ;
- ▶ cinq salariés au point de vente.

La vente et la distribution des téléphones intelligents Smart Fone se réalisent via deux canaux :

- ▶ la vente en ligne ;
- ▶ le magasin physique.

Pour exécuter ses opérations, Smart Fone dispose de trois sites :

- ▶ le siège social ;
- ▶ le centre de distribution ;
- ▶ le magasin physique.

Smart Fone vend ses produits et services à deux types de clientèle :

- ▶ des particuliers ;
- ▶ des sociétés.

Au siège social travaillent les dirigeants ainsi que les quatre agents administratifs. Les techniciens, eux, sont au centre de distribution.

Annie et Michael partagent leur temps entre le magasin et le siège social. Le magasin bénéficie de la présence régulière d'équipes d'étudiants et de la présence permanente d'un réparateur expérimenté. Smart Fone peut également faire appel à des techniciens externes pour des services d'urgence réalisés en magasin ou au centre de distribution. Seuls les réparateurs embauchés à temps plein par Smart Fone sont autorisés à s'occuper de la clientèle sociétés.

Quant aux agents administratifs, ils ont deux types de tâches :

- ▶ le soutien administratif pour les services de l'entreprise ;
- ▶ le service de relation clients.

Le service de relation clients est situé au siège social. C'est celui qui représentera le cœur du sujet de ce livre.

1.3 La structure organisationnelle de Smart Fone

Après avoir présenté dans les grandes lignes la société Smart Fone, parlons maintenant de sa structure organisationnelle. Par la même occasion, nous aborderons les concepts SAP qui régissent le service à la clientèle. Nous allons tout d'abord parler des éléments qui structurent une entreprise dans SAP.

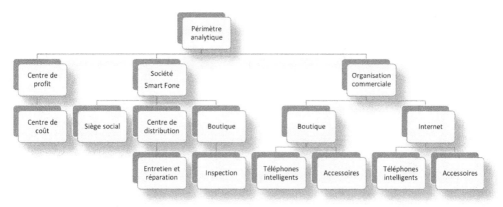

Figure 1.1 : Structure organisationnelle

Nous expliquerons ci-après ce que chacun des éléments de cette structure représente pour Smart Fone.

1.3.1 Le périmètre analytique

Le *périmètre analytique* représente l'unité organisationnelle qui permet à Smart Fone de tenir sa comptabilité analytique. Il en existe un seul pour toute l'entreprise.

1.3.2 Le centre de profit

Dans SAP, un périmètre analytique comprend toujours au moins un centre de profit. Le *centre de profit* désigne l'unité organisationnelle qui permet de mesurer la rentabilité d'une société en comparant ses coûts et ses revenus. Pour effectuer cette comparaison, un centre de profit est toujours associé à un ou plusieurs centres de coûts, ce qui est le cas de Smart Fone.

1.3.3   Le centre de coûts

Le *centre de coûts* est l'unité organisationnelle qui recueille les coûts liés à une activité donnée, génératrice de revenus ou non. Les centres de coûts les plus courants comprennent : la recherche et le développement, le marketing, la maintenance, etc.

Dans le cas de Smart Fone, nous aurons un seul centre de coûts pour l'ensemble de l'entreprise : les coûts de main d'œuvre, de réparation, d'entretien et de vente seront ainsi tous attribués à un seul service de l'entreprise.

1.3.4   La société

Dans SAP, une *société* représente l'entité légale sous laquelle les comptes doivent être rapportés aux autorités locales. L'entreprise Smart Fone, par exemple, forme une seule entité légale.

C'est également à ce niveau organisationnel que la comptabilité financière se tient.

L'organisation commerciale correspond aussi au même niveau organisationnel que la société.

En-dessous de la société, il peut y avoir une ou plusieurs divisions. Smart Fone en a trois. Le concept de division vous est expliqué dans la partie 1.3.5, ci-après.

1.3.5   La division

La *division* indique un emplacement physique et indépendant dans lequel, dans le cas de Smart Fone, l'inventaire de téléphones et d'accessoires peut être géré. D'autres activités logistiques et de prestation de services y sont aussi exécutées.

Dans SAP, la division est toujours subordonnée à l'élément organisationnel « Société ».

En ce qui concerne Smart Fone, trois divisions existent :

- ▶ le siège social ;
- ▶ le centre de distribution ;
- ▶ le point de vente.

Le siège social

Huit des vingt-quatre employés de Smart Fone travaillent au siège social : les quatre frères et sœurs associés de l'entreprise ainsi que quatre employés de bureau ou « agents administratifs ».

Ces derniers ont les responsabilités suivantes :

- ▶ le secrétariat pour les quatre associés ;
- ▶ la gestion des ressources humaines ;
- ▶ la comptabilité financière et le contrôle de gestion.

Autant dire que la polyvalence est requise pour travailler chez Smart Fone !

Le cœur de métier de Smart Fone, la prestation de services d'entretien et de réparation de téléphones intelligents, est exécuté par d'autres divisions de l'entreprise.

Le centre de distribution

Les cinq agents de service à la clientèle ainsi que les six techniciens travaillent au centre de distribution. Les activités suivantes y sont réalisées :

- ▶ le service à la clientèle par téléphone ;
- ▶ la gestion de l'inventaire des téléphones et de leurs accessoires ;
- ▶ la réparation et l'entretien des téléphones intelligents ;
- ▶ l'expédition des articles aux clients.

Michael et Annie Smart travaillent en partie au centre de distribution.

Le point de vente

Smart Fone dispose d'un magasin situé dans un emplacement de choix au centre-ville de Montréal. Des téléphones intelligents et leurs accessoires y sont en vente.

Le magasin est géré par une équipe composée de cinq employés à temps plein, dont un technicien réparateur. Quelques étudiants et salariés à mi-temps complètent cette équipe pour permettre de couvrir les heures d'ouverture du magasin.

Lorsqu'aucun technicien n'est disponible, Smart Fone fait appel à des sous-traitants formés sur ses produits pour fournir les services d'entretien et de réparation des téléphones directement au point de vente.

La gestion de l'inventaire s'effectue également là.

Michael et Annie Smart y partagent une partie de leur temps. Le directeur général, Jack Smart, s'efforce lui aussi de passer chaque mois au magasin.

Les trois divisions que nous venons de vous présenter font partie intégrante de l'entité légale « Smart Fone ».

1.3.6   La division de planification

Les divisions « Centre de distribution » et « Point de vente » ont chacune respectivement une division de planification.

La *division de planification* est l'unité organisationnelle SAP qui permet de planifier les activités de service à la clientèle.

Nous verrons au chapitre 2 la distinction entre les principales données transactionnelles SAP de service à la clientèle :

- ▶ l'avis de service ;
- ▶ l'ordre de service.

Pour l'instant, il est important de retenir que la planification d'un ordre de service se fait toujours à partir d'une division de planification.

Dans le contexte de Smart Fone, lorsqu'une inspection, un entretien ou une réparation sont requis pour un téléphone donné, la division de planification équivaut à l'unité organisationnelle à partir de laquelle cette activité sera planifiée.

1.3.7 L'organisation commerciale

L'organisation commerciale indique l'entité à partir de laquelle les conditions de ventes sont négociées.

Dans la majorité des structures organisationnelles SAP, l'organisation commerciale est créée de pair avec la société, étant donné que les conditions de vente sont souvent négociées avec l'entité légale de l'entreprise utilisatrice de SAP.

Smart Fone dispose d'une seule organisation commerciale.

1.3.8 Le canal de distribution

Dans SAP, le *canal de distribution* désigne le moyen par lequel le service ou le produit entre en contact avec la clientèle.

L'organisation commerciale de Smart Fone comporte deux canaux de distribution :

- ▶ le point de vente ;
- ▶ Internet (pour les ventes en ligne).

Les clients de Smart Fone peuvent acheter leurs produits par ces deux biais. Les ventes sur internet représentent 75% du total des ventes de Smart Fone.

Il faut aussi noter que le canal de distribution « Internet » englobe plus que le seul site web de l'entreprise Smart Fone. D'autres plateformes de vente en ligne bien connues, telles Amazon ou Shopify, permettent de revendre des produits de Smart Fone en ligne.

1.3.9   Le secteur d'activité

Le *secteur d'activité* dans SAP représente la ligne de produits ou de services qu'une société donnée offre à ses clients.

Pour Smart Fone, on distingue le secteur des téléphones intelligents de celui des accessoires. Les clients peuvent acheter tous ces produits via les deux canaux de distribution mentionnés dans la partie 1.3.8.

Tous ces éléments sont liés les uns aux autres dans la structure organisationnelle pour cette raison !

1.3.10 Le domaine commercial

Les éléments organisationnels qui permettent à Smart Fone d'effectuer ses ventes sont les suivants :

▶   l'organisation commerciale ;

▶   le canal de distribution ;

▶   le secteur d'activité.

Ces trois éléments forment ce que l'on appelle un *domaine commercial*. Celui-ci se configure dans la structure de ventes SAP.

Pour rappel, chez Smart Fone, on trouve : une seule organisation commerciale, deux canaux de distribution et deux secteurs d'activité. Au total, Smart Fone opère avec quatre domaines commerciaux. Ceux-ci sont schématisés sur la Figure 1.2 ci-dessous.

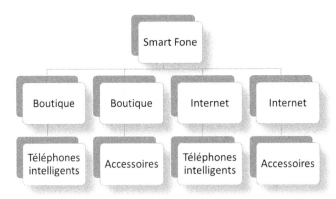

Figure 1.2 : Domaines commerciaux de Smart Fone

2 Exceller dans le service clients avec SAP CS : le cas de Smart Fone

2.1 SAP Customer Service

Le module SAP Customer Service (CS) permet à Smart Fone d'exceller dans son cœur de métier et de rester compétitif sur le marché des téléphones intelligents à Montréal. En effet, pour tout secteur dans lequel la gestion de garantie client et un service après-vente de qualité sont requis, SAP CS représente le module idéal.

Celui-ci permet de gérer tout le cycle de vie d'un processus de service à la clientèle :

▶ sa planification ;

▶ son exécution ;

▶ sa clôture ;

▶ l'élaboration de rapports sur le service.

Pour mieux comprendre ces différentes étapes, regardons de plus près comment le service clients est organisé chez Smart Fone.

2.2 Les services de Smart Fone

Le service à la clientèle comprend non seulement la gestion des ventes, mais également tous les services après-vente fournis par Smart Fone.

Smart Fone commercialise trois familles de produits :

▶ les téléphones intelligents ;

▶ les accessoires de téléphone ;

▶ les services après-vente.

Les téléphones intelligents et leurs accessoires, comme indiqué précédemment, se vendent soit au point de vente soit sur internet.

Quant au service après-vente, il se décline de deux façons :

▶ le service technique, fourni par les réparateurs : inspection, entretien et réparation ;

▶ le support client à distance, fourni par téléphone par l'équipe de relation à la clientèle.

Dans SAP, la mise en place de ce modèle d'affaires est possible via deux éléments :

▶ le paramétrage ;

▶ la création d'objets de données.

Par la suite, nous vous expliquerons ces deux éléments en narrant trois principaux scénarios d'affaires qui régissent la vie de Smart Fone :

▶ Scénario 1 : un appel initial au service clients (chapitre 3) ;

▶ Scénario 2 : une aide urgente à Pizza rapide avec l'avis de service de type « avis client » (chapitre 4) ;

▶ Scénario 3 : un service livré à un client sans garantie (chapitre 5).

2.3   La vision de Michael

Les principaux scénarios d'affaires concernant Smart Fone illustrent la manière dont l'entreprise excelle dans le service à la clientèle. Dans le chapitre 3, nous expliquerons étape par étape le premier scénario d'affaires qui est la résolution d'un appel d'un client de Smart Fone. À la fin de ce chapitre, vous comprendrez comment ce processus est documenté dans SAP.

Comme évoqué au chapitre 1.3.5, le service clients de Smart Fone compte cinq salariés à temps plein.

Pour une entreprise dont le personnel s'élève à vingt-quatre salariés, ce chiffre est considérable ! Il démontre l'importance que Michael accorde au service après-vente. Il tient à un standard de qualité élevé et à une expérience client proche de la perfection.

Il est important pour Michael que les clients de Smart Fone puissent entrer en contact avec l'entreprise le plus simplement possible.

Ainsi, un utilisateur d'un Smart Fone peut téléphoner au service à la clientèle :

- ▶ de 8 heures à 20 heures du lundi au vendredi ;
- ▶ de 9 heures à 17h le samedi.

3 Scénario 1 : un appel initial au service clients

Un lundi à 8h10, un client appelle le service clients. Très rapidement, Lucie, agente en poste depuis trois ans, répond comme suit :

– « Merci de nous avoir appelés aujourd'hui, Lucie de Smart Fone à l'appareil. En quoi puis-je vous aider ? »

Ce à quoi le client réplique :

– « J'ai acheté un de vos téléphones intelligents il y a trois mois, mais sa batterie est défectueuse. Elle ne cesse de se décharger après seulement trente minutes d'utilisation. J'aimerais vous renvoyer l'appareil pour qu'il soit réparé ou échangé.

– Merci de formuler votre problème aussi clairement, Monsieur. Puis-je avoir votre nom et prénom, s'il vous plait ?

– Mon nom est Jean Pelletier.

– Merci, monsieur Pelletier. Puis-je avoir le numéro de série de votre appareil, s'il vous plait ?

– Oui, c'est le 123456. »

À ce stade de l'appel, Lucie a relevé trois informations :

▶ le nom du client ;

▶ le numéro de série du téléphone ;

▶ le problème déclaré par le client.

Ces éléments suffiront à Lucie pour créer un *avis de service* dans SAP.

L'avis de service est une donnée transactionnelle du module SAP CS. Il remplit trois fonctions principales :

▶ signaler qu'un service doit être effectué pour un client, dans un avenir proche ou lointain ;

▶ signaler une panne à traiter immédiatement ;

▶ documenter un service qui a déjà été effectué.

Le scénario présenté dans ce chapitre renvoie à cette première situation : un service doit être effectué dans un avenir proche ou lointain, ce qui peut représenter quelques heures ou quelques jours en fonction du service à exécuter.

Revenons à la conversation entre Lucie et Jean Pelletier. Lucie est prête à créer un avis de service dans SAP. Mais comment doit-elle s'y prendre ?

3.1 L'avis de service

Dans SAP, le code de transaction qui permet de créer un avis de service est IW51.

Dans IW51, on crée un avis de service dont on ne connait pas encore le « type ».

Lucie va donc suivre l'arborescence suivante dans SAP :

LOGISTIQUE • SERVICE À LA CLIENTÈLE • GESTION DES SERVICES • AVIS • IW51 - CRÉER (GÉNÉRAL).

La création de l'avis de service est illustrée sur les Figure 3.1 et Figure 3.2 ci-après.

Figure 3.1 : Écran initial de l'avis de service

Voici l'écran initial de l'avis de service. Lorsque l'on double-clique sur le champ TYPE D'AVIS, on obtient la liste de choix suivante :

24

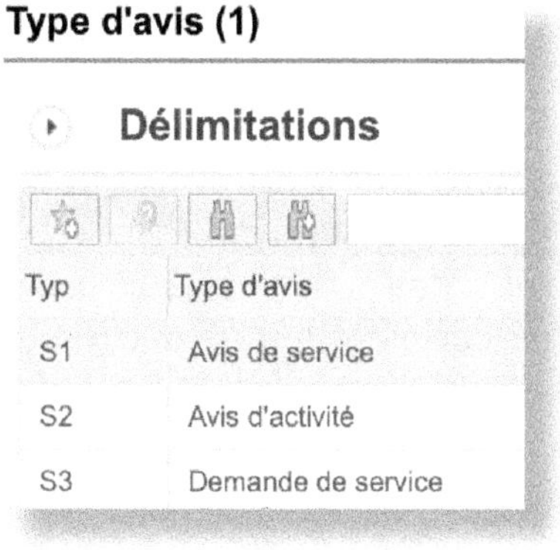

Type d'avis (1)

▸ **Délimitations**

Typ	Type d'avis
S1	Avis de service
S2	Avis d'activité
S3	Demande de service

Figure 3.2 : Type d'avis

À présent, détaillons les éléments importants de l'avis de service en les appliquant à la conversation entre Lucie et Jean Pelletier.

3.1.1   Une donnée transactionnelle

Un avis de service est une donnée transactionnelle. Mais que veut-on dire par « donnée transactionnelle » ? Une transaction implique un échange entre deux partenaires (l'entreprise et son client, l'entreprise et son fournisseur, etc.). Par opposition à la « donnée-maitre » qui est statique, la *donnée transactionnelle* est générée dans le système dès qu'un échange entre partenaires se réalise. Cet échange n'a pas besoin d'être monétaire.

Dans le cas de Smart Fone, l'appel de Jean Pelletier au service à la clientèle représente une transaction.

3.1.2   Le client

Le *client* est la première donnée mentionnée dans un avis de service. Il n'y a pas de service à fournir sans client.

Il s'agit aussi de la principale distinction à faire entre l'avis de service du module SAP CS et l'avis de maintenance du module SAP Plant Maintenance (PM).

De plus, le client doit exister dans la base de données SAP : une fiche client doit ainsi être créée. Nous y reviendrons plus en détail dans la partie 7.3 La fiche client.

Avis de service pour un client non existant dans SAP

Il est aussi possible de créer un avis de service pour ce qu'on appelle un « one-time customer », c'est-à-dire un client qui n'existe pas dans SAP au moment où l'avis de service est créé.

3.1.3   Un service a été exécuté

Lorsque l'on crée un avis de service via IW51, il faut encore en choisir le type qui sera créé selon le scénario. Est-ce un service qui a déjà été exécuté, à exécuter maintenant ou plus tard ?

Lorsque celui-ci est terminé, le type d'avis de service standard *Rapport d'activité* avec le code « S2 » est sélectionné. Il peut aussi être créé via la transaction IW55.

3.1.4   Un service doit être exécuté immédiatement

Les techniciens doivent intervenir immédiatement car, par exemple, une machine est à l'arrêt. Le type d'avis de service *Panne* permet de signaler qu'une tâche doit être réalisée dans les plus brefs délais. Ce type d'avis de service est souvent utilisé dans un contexte industriel.

Pour Smart Fone, cela correspond à l'appel d'un client signalant que son téléphone ne fonctionne plus. Ce problème doit être résolu soit grâce à l'envoi d'un téléphone de remplacement, soit en le réparant au point de vente, soit en cherchant une résolution rapide à distance.

Ce type d'avis de service peut aussi être créé via la transaction IW54 et a le type « S1 » dans SAP.

3.1.5   Un service devra être exécuté ultérieurement

Dans ce cas, le type d'avis de service *Demande de service* est créé. Le plus couramment utilisé, il s'agit également de celui qui concerne notre scénario d'affaires entre Lucie et Jean Pelletier.

En général, la demande d'exécution d'un service est effectuée par un client. Elle est enregistrée, étudiée pour que le prestataire de services tente de trouver une solution. Si le problème est résolu immédiatement ou à distance, tant mieux. Si le service requiert une intervention humaine pour traiter l'objet du service (le téléphone intelligent dans notre cas), à ce moment-là un ordre de service est créé. Nous reviendrons sur l'ordre de service dans la partie 4.2.

Ce type d'avis de service peut aussi être créé via la transaction IW56 et porte le code de type « S3 ».

3.2   La planification du service

Après cette introduction à l'avis de service, revenons à Lucie et sa conversation avec monsieur Pelletier.

Lucie vient de sauvegarder la transaction dans SAP. Pour rappel, Monsieur Pelletier se plaint d'avoir une batterie défectueuse qui se décharge rapidement. Lucie a déjà eu affaire à ce problème : il arrive souvent que la batterie soit moins performante pour les clients utilisant des chargeurs de téléphone non fournis par Smart Fone.

Elle lui pose alors la question suivante :

– « M. Pelletier, utilisez-vous des accessoires Smart Fone pour recharger votre téléphone intelligent ?

– Non, j'ai perdu mon chargeur et en ai acheté un autre chez un fournisseur indépendant. »

Ce à quoi Lucie propose :

- « Monsieur, que diriez-vous de recevoir un chargeur gratuit de la part de Smart Fone, étant donné que vous êtes un client de longue date ? Celui-ci vous sera livré dans les trois prochains jours ouvrables.

- Fantastique ! Oui, non seulement le chargeur Smart Fone est gratuit, mais vos délais de livraison sont très courts !

- C'est parfait, monsieur Pelletier ! Vérifions ensemble vos coordonnées. Votre adresse : est-ce bien à rue de Montréal 1 000, H1H 1H1 que nous devons envoyer le chargeur ?

- Oui, c'est bien cela ! Je vous confirmerai la réception du chargeur et la résolution du problème. Merci beaucoup pour votre aide.

- Au plaisir, monsieur Pelletier. »

Dans cette conversation paraissant anodine, un grand nombre de données ont été confirmées par Lucie. Il faut se rappeler qu'au départ, Smart Fone a été fondée non pas par son PDG, mais par son directeur du service clients, Michael Smart. Il exige un service hors pair et abordable qui fidélise les clients existants. Pour permettre l'exécution d'un service de qualité, les données créées dans le système doivent être cohérentes avec les processus de Smart Fone.

Pour rappel, les trois éléments importants de l'avis de service sont :

- ▶ le client ;

- ▶ l'objet de référence (le numéro de série du téléphone, par exemple) ;

- ▶ la nature du problème.

Durant la conversation, Lucie a fait appel à d'autres données :

- ▶ ses connaissances par rapport au problème de batterie ;

- ▶ les coordonnées du client ;

- ▶ le chargeur Smart Fone.

Dès le premier jour de la création de Smart Fone, Michael Smart voulait s'assurer que les résolutions de problèmes soient bien documentées dans SAP afin que les employés du service clients puissent répondre rapidement à toute question.

Pour cela, Smart Fone utilise ce qu'on appelle une *base de données des solutions*. Celle-ci se configure dans SAP CS et comprend ses propres codes de transaction dans le système.

Dans l'arborescence SAP, il est possible de la retrouver de la façon suivante :

LOGISTIQUE • SERVICE CLIENTS • BASE DE DONNÉES DES SOLUTIONS.

Sous cette section du menu SAP, nous avons deux transactions : IS01 et IS02.

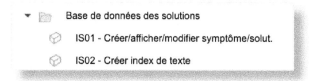

Figure 3.3 : Base de données des solutions

Dans l'avis de service, différents intervenants externes à Smart Fone peuvent être indiqués car ils sont concernés par le problème et sa résolution : on les appelle des *partenaires*.

Les partenaires ont tous leur propre fiche *partenaire d'affaires* dans SAP S/4 HANA. Nous verrons cette notion dans le chapitre 7.

Quant au chargeur, il ne fait initialement pas partie de l'avis de service. Néanmoins, l'accessoire sera envoyé au client. Cela nécessite donc d'utiliser l'article « chargeur » ainsi qu'une commande de vente qui assurera la livraison du chargeur au client.

Celui-ci apparaîtra dans l'avis de service.

Pour mieux comprendre la façon dont les données s'articulent entre elles dans l'avis de service, référez-vous à la Figure 3.4 ci-dessous :

Figure 3.4 : Avis de service – scénario 1

Dans cette figure, vous pouvez voir les cinq éléments associés à l'avis de service du scénario 1 :

▶ CLIENT : le bénéficiaire du service ;

▶ ARTICLE : le service effectué pour lequel le client paie ;

▶ LIVRAISON AU CLIENT : l'exécution du service ;

▶ ÉQUIPEMENT : l'objet du service ;

▶ CATALOGUES : la liste d'éléments paramétrés dans SAP qui permettent de détailler le service exécuté.

Prenons maintenant des captures d'écran de chacun des éléments mentionnés : nous avons vu précédemment l'écran initial de l'avis de service, ainsi que le choix du type d'avis sur les Figure 3.1 et Figure 3.2.

Le type d'avis de service choisi est « S3 » : la demande de service.

Le premier écran à vide est illustré comme suit, sur la Figure 3.5 :

Figure 3.5 : Demande de service

Une fois les données de Jean Pelletier entrées, la demande de service se présente comme sur la Figure 3.6.

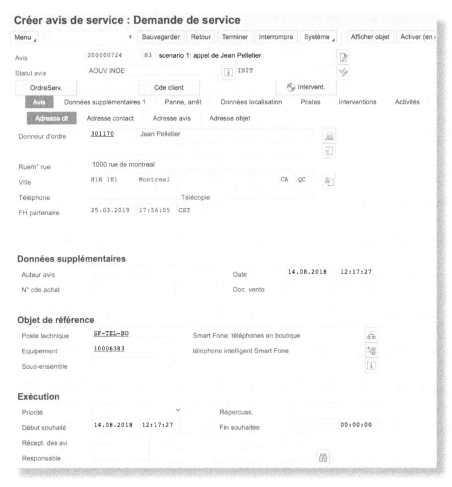

Figure 3.6 : Demande de service complétée

3.2.1   L'objet de référence

L'objet de référence de l'avis de service est la fiche équipement.

Dans le cas de Smart Fone, la fiche équipement « téléphone intelligent » regroupe à la fois l'article et son numéro de série.

Cette fiche équipement est posée sous un poste technique. Étant donné que M. Pelletier avait acheté son téléphone au point de vente, le téléphone est sous le poste technique de la boutique située au centre-ville de Montréal.

Figure 3.7 : Objet de référence de l'avis de service

L'objet de référence d'un avis peut donc être de trois natures, comme vous pouvez le voir sur la Figure 3.7 : un Poste technique, un Équipement ou un Sous-ensemble.

Ces trois termes sont définis au chapitre 4.2.

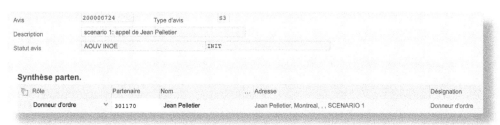

Figure 3.8 : Partenaires de l'avis de service

Différents partenaires peuvent être associés à un avis de service. Dans le cas de Smart Fone, le partenaire d'affaires représente le client visé par l'avis de service (voir Figure 3.8).

Le partenaire comprend un numéro de client existant dans SAP.

Le rôle de donneur d'ordre lui est attribué par défaut dans un avis de service.

Néanmoins, les rôles de partenaires dans un avis de service sont configurables : Smart Fone peut ainsi paramétrer selon ses besoins le ou les rôles clients requis pour le traitement d'un avis de service. Pour tout rôle utilisé, un numéro de client existant doit être associé. Dans le cas de Smart Fone, nous nous limiterons à l'utilisation du donneur d'ordre « DO ».

Donneur d'ordre

 Le donneur d'ordre « DO » est un rôle équivalent à « sold-to party » en anglais. Il faut donc le considérer comme étant celui du client bénéficiaire du service à prester.

3.2.2 Le catalogue de codage (les faits)

Un avis de service est créé suite à un contact reçu d'un client. Il est important de pouvoir documenter les faits qui se sont déroulés à la suite du recueil d'informations effectué durant l'appel.

Pour cela, le module standard SAP CS recommande l'utilisation d'un certain type de *catalogue*, plus précisément, le catalogue de codage. Tous les catalogues sont subdivisés en groupes de codes et en codes.

Deux groupes de codes ont été identifiés pour Smart Fone :

SF-TEL et SF-ACC.

Ils permettent de distinguer tous les avis de service créés pour un téléphone intelligent et ceux qui ont trait aux accessoires Smart Fone.

Si un client contacte Smart Fone à la fois pour le téléphone et l'accessoire, l'appel sera catégorisé comme étant SF-TEL.

Les deux groupes de codes sont paramétrés avec les valeurs représentées sur la Figure 3.9, ci-après.

Les codes listés sous les groupes de codes SF-TEL et SF-ACC représentent les cas les plus fréquents rencontrés par le service clients de Smart Fone, que le service soit exécuté à distance ou au point de vente.

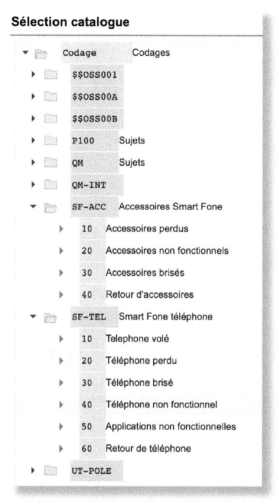

Figure 3.9 : Catalogue de codage pour scénario 1

Au-delà de la classification du problème via le code de codage, il faut aussi pouvoir décrire plus en détail la plainte du client.

Dans la Figure 3.10 ci-dessous, vous pouvez voir cela via la simple phrase écrite par Lucie pour le dossier de monsieur Pelletier.

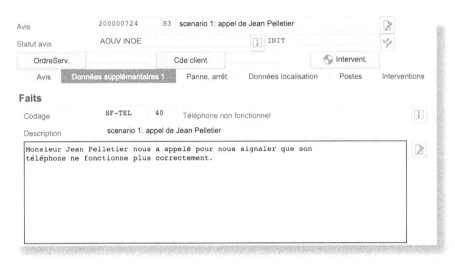

Figure 3.10 : Description des faits pour l'appel de Jean Pelletier

Nous pouvons déjà constater la valeur ajoutée que représente l'avis de service pour une entreprise prestataire de services. Dans un même objet SAP, nous avons pu identifier le client, l'équipement concerné, le type de problème et décrire les faits qui se sont déroulés.

Après avoir recueilli ces premières informations, Lucie, l'agente du service clients, peut maintenant tenter de résoudre le problème étant la première ligne d'assistance pour Smart Fone.

3.3   L'exécution du service

Quand Michael Smart parle de « l'exécution d'un service », il fait allusion aux différentes actions entreprises pour résoudre le problème dès qu'il est identifié. Dans ce premier scénario, le problème rapporté par le client est analysé en détail et donne lieu à une proposition de résolution : Lucie fait livrer au client un autre chargeur de la marque « Smart Fone ».

Par la suite, Jean Pelletier le testera pour vérifier si sa batterie est bien opérationnelle.

Les actions entreprises à la fois par Lucie et par le client sont documentées via un autre type de catalogue : le *catalogue des interventions*.

Pour être résolu, tout avis de service requiert l'exécution de certaines tâches. Celles-ci peuvent soit être planifiées à l'avance s'il s'agit d'un problème récurrent, soit exécutées « sur le champ » pour le résoudre immédiatement.

Dans la configuration du système SAP, il est possible de créer un catalogue d'interventions qui seront exécutées par l'équipe du service à la clientèle.

Michael, lorsqu'il a constitué son service clients, a formé ses employés à répondre aux questions les plus courantes des clients, mais aussi à déterminer rapidement la marche à suivre afin de résoudre les problèmes les plus fréquents.

La liste des interventions que vous voyez sur la Figure 3.11 ne suit pas d'ordre logique d'exécution. Il s'agit tout simplement d'actions fréquemment entreprises par les agents du service à la clientèle, représentatives des tâches les plus souvent exécutées pour résoudre un avis de service.

| Catalogue | 2 | Interventions |
| Groupe de codes | SF-TEL | Interventions pour téléphone intelligent |

Codes

*Code	Désignation du code	Action c...	Txte ...
10	vérifier si batterie fonctionne		📝
20	envoyer téléphone de rechange		📝
30	envoyer accessoire de rechange		📝
40	contacter notre fabricant		📝
50	escalader le problème au 2ème niveau		📝
60	contacter la boutique		📝
70	contacter Michael		📝
80	contacter Annie		📝

Figure 3.11 : Interventions – groupe de codes SF-TEL

Vous remarquez qu'elles sont de différents ordres : certaines sont orientées produit, d'autres sont des points d'escalade vers les directeurs des opérations et du service clients, ou d'autres encore indiquent de contacter le fabricant.

SAP est très souple pour la configuration des catalogues dans les avis de service. La désignation de chaque code est librement déterminée par l'entreprise utilisatrice du système.

Si après un certain laps de temps, certains codes ne sont plus utilisés ou d'autres interventions doivent être documentées, tout utilisateur Smart Fone ou consultant SAP CS peut modifier cette liste de codes selon les besoins de la société.

Interventions en français = « tasks » en anglais

 Si vous êtes un consultant francophone qui a l'habitude de travailler sur SAP en anglais, il peut arriver que vous recherchiez certaines données ou paramètres de configuration en anglais. Vous remarquerez rapidement que SAP fait rarement de la traduction littérale des termes utilisés en anglais vers le français. Les interventions en français sont en fait des « tasks » en anglais ! Lorsque l'on parle d'interventions dans le module CS, il s'agit donc de tâches exécutées pour l'avis de service.

Parmi notre liste de groupes de codes, Lucie a créé deux interventions :

▶ 10 : Vérifier si la batterie fonctionne ;

▶ 30 : Envoyer l'accessoire de rechange.

Sur la Figure 3.12, dans la colonne Désignat. intervent., Lucie a entré des commentaires par rapport aux deux interventions. Il est aussi possible de noter de plus longues informations sur chacune des interventions.

L'intervention, tout comme l'avis de service, a aussi un statut. Les statuts seront expliqués dans le chapitre 3.4.

Le Responsable de l'intervention est l'agente Lucie Leroy.

Les date et heure de début sont également documentées (voir Figure 3.13).

Dans le cas de l'intervention numéro 30 (Envoyer accessoire de rechange), il est pertinent de mettre une date et heure de fin planifiées, étant donné que l'article est censé être reçu trois jours après l'appel.

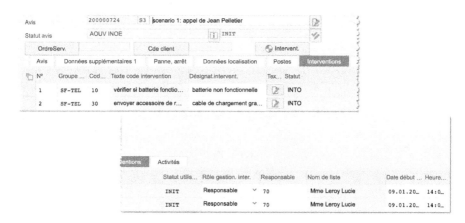

Figure 3.12 : Interventions de Lucie

Rôle gestion. inter.	Responsable		Nom de liste	Date début ...	Heure...	Fin planifiée	Heure...
Responsable	⌄	70	Mme Leroy Lucie	09.01.20...	14:0...	21.01.20...	01:0...
Responsable	⌄	70	Mme Leroy Lucie	09.01.20...	14:0...	12.01.20...	00:0...

Heure...	Fin planifiée	Heure...	Terminé par	Terminé le	Termi...	Action c...	Désignation
14:0...	21.01.20...	01:0...			00:0...		
14:0...	12.01.20...	00:0...			00:0...		

Figure 3.13 : Interventions de Lucie (colonnes de droite)

Après avoir vu comment exécuter et documenter des interventions sur un avis de service, passons à la clôture de l'avis de service.

3.4   La clôture de l'avis de service

Avançons de trois jours dans le temps.

Après avoir reçu et testé le chargeur durant environ une heure, M. Pelletier contacte Lucie de Smart Fone. Il lui annonce que le problème est résolu car la batterie s'est rechargée correctement !

Lucie, de son côté, répond de sa satisfaction quant à la résolution du problème et envoie un courriel de confirmation à M. Pelletier.

Elle documente l'avancement du travail après la réception du chargeur par M. Pelletier.

Pour clôturer un avis de service, il faut que toutes ses interventions le soient aussi au préalable. Lucie sélectionne d'abord l'intervention 10 pour la clôturer.

La clôture s'effectue en cliquant sur un logo qui ressemble à un drapeau de Formule 1, comme on peut le voir sur la Figure 3.14.

Figure 3.14 : Logo qui permet de terminer une intervention

Sur la Figure 3.15, on voit que le statut est passé à INTT, signifiant « intervention terminée » dans l'avis de service.

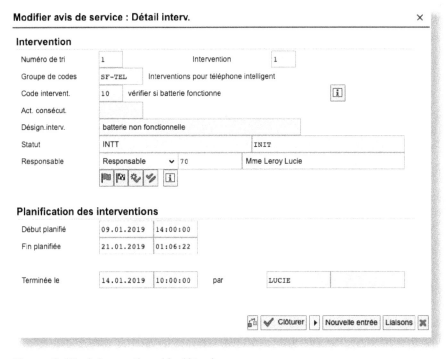

Figure 3.15 : Intervention 10 clôturée

Après avoir cliqué sur le symbole de clôture, Lucie va également cliquer sur le bouton CLÔTURER qui se trouve en bas à droite de la fenêtre.

Elle devra ensuite suivre la même procédure pour l'intervention numéro 30.

Elle pourra enfin clôturer l'avis de service.

À cet effet, elle suit la fonction CLÔTURER, comme vous pouvez le voir sur la Figure 3.16 ci-dessous. Il est également possible d'utiliser la transaction IW52 pour obtenir la fonction CLÔTURER.

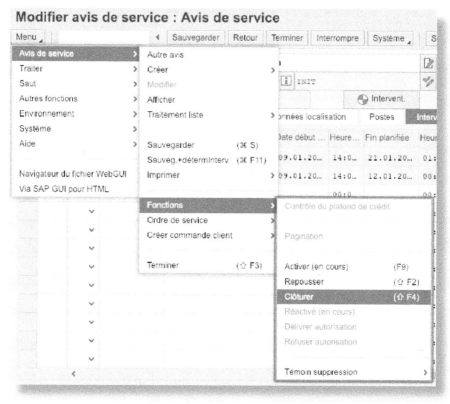

Figure 3.16 : Fonction « Clôturer » pour un avis de service

Sur la Figure 3.17, nous pouvons voir après clôture des interventions que le statut système de l'avis de service a été mis à jour : le statut AOUV TIAC nous indique que toutes les interventions sont terminées.

41

Figure 3.17 : Interventions terminées

Sur la Figure 3.17, vous remarquerez aussi que les interventions sont maintenant grisées car on ne peut plus les modifier.

Ci-après, Figure 3.18, vous voyez le texte descriptif du statut système AOUV TIAC.

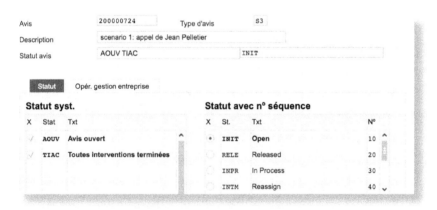

Figure 3.18 : Texte descriptif d'AOUV TIAC

Une fois ce statut obtenu, il est possible de clôturer l'avis de service.

En résumé, pour la clôture, on procède comme sur la Figure 3.16, puis on obtient le résultat illustré sur la figure suivante, Figure 3.19.

Ce pop-up permet de confirmer ou de choisir les DATE et HEURE DE RÉFÉ-RENCE souhaitées pour documenter la fin de l'avis de service.

Figure 3.19 : Pop-up de clôture de l'avis de service

Il est possible de paramétrer l'affichage de ces date et heure de référence, comme indiqué sur la Figure 3.20.

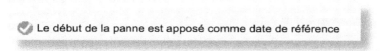

Figure 3.20 : Message pour la date de référence

Différents paramétrages sont disponibles pour déterminer la date de référence.

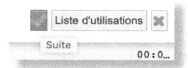

Figure 3.21 : Symbole Suite

Il faut cliquer sur le symbole SUITE, visible sur la Figure 3.21, pour pouvoir enregistrer la clôture d'un avis de service.

Figure 3.22 : Avis clôturé

Après avoir sauvegardé, on obtient un message confirmant la clôture de l'avis de service, comme sur la Figure 3.22.

La détermination des date et heure de clôture d'un avis de service peut également se faire à partir du paramétrage lié au type d'avis de service.

Comme indiqué sur la Figure 3.23, les écrans suivants vous permettent de naviguer dans la transaction de paramétrage SPRO de SAP :

MAINTENANCE ET SERVICE À LA CLIENTÈLE • GESTION DE LA MAINTENANCE ET DES SERVICES • AVIS DE SERVICE ET DE MAINTENANCE • CRÉATION DES AVIS • TYPES D'AVIS • DÉFINIR LES TYPES D'AVIS.

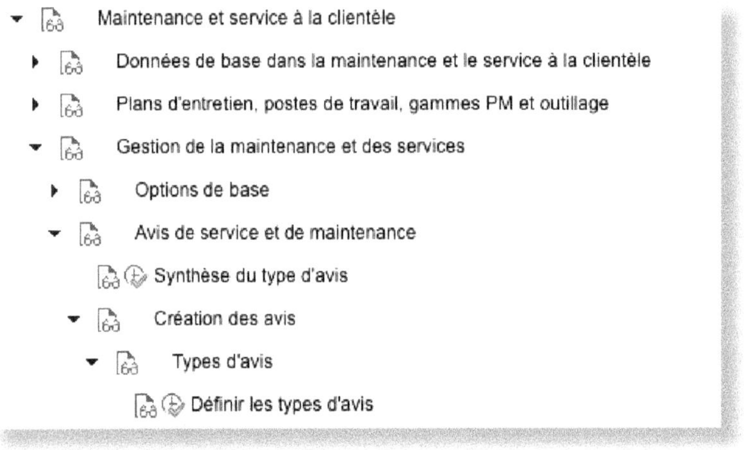

Figure 3.23 : Définir les types d'avis

Pour arriver au paramétrage requis des heures de référence, il faut aller dans la définition des types d'avis. Lorsqu'on sélectionne le type d'avis S3, on obtient la figure ci-dessous.

Sur cette Figure 3.24, sélectionnez le champ HEURE DE RÉFÉRENCE en cliquant dessus pour choisir l'heure souhaitée.

Comme nous l'avons vu sur la Figure 3.20, l'heure de début de panne est l'heure de référence de clôture pour le type d'avis S3, qui est celui utilisé par Lucie Leroy.

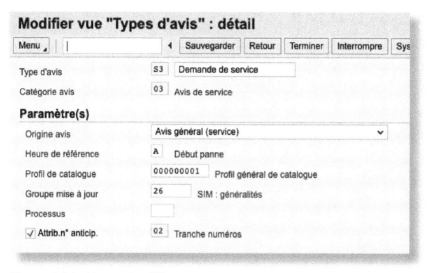

Figure 3.24 : Heure de référence

Sur la Figure 3.25 ci-dessous, vous pouvez voir que quatre choix sont à la disposition de Smart Fone quant à la détermination de l'heure de référence pour la clôture de leurs avis de service de type S3.

Heure de l'avis de maintenance (1)

Heure de référence	Descript. synth.
A	Début panne
B	Réception avis
C	Fin panne
D	Clôture avis

4 Entrées trouvées

Figure 3.25 : Heure de référence de l'avis

Vous voyez sur l'écran qu'il s'agit d'un AVIS DE MAINTENANCE, mais ce paramétrage est également valable pour les avis de service.

45

3.5 Le rapport sur le service

Michael Smart veut exceller dans le service à la clientèle. Après les trois ans d'existence de Smart Fone, il s'est dit : « J'ai un processus solide de résolution de problème via un avis de service. Mais comment puis-je mesurer la performance de mon service ? »

Smart Fone a besoin de définir des indicateurs de performance clairs. Ces indicateurs sont mesurés selon différents attributs.

Le code de transaction IW59 permet de lister plusieurs avis de service selon divers critères de tri :

- ▶ le type d'avis de service ;
- ▶ le partenaire ;
- ▶ la fiche article ;
- ▶ l'équipement ;
- ▶ la date de création (= « créé le ») ;
- ▶ la priorité ;
- ▶ le statut inclusif ;
- ▶ le statut exclusif ;
- ▶ la division de planification ;
- ▶ les dates de création.

Figure 3.26 : Afficher liste d'avis de service (partie 1)

Dans le premier écran de liste d'avis présenté Figure 3.26, on peut distinguer plusieurs éléments importants concernant le STATUT DE L'AVIS. Pour ces cases à cocher, on se réfère aux statuts systèmes de l'avis de service.

▶ Un avis est créé en statut OUVERT par défaut.

▶ Il est possible aussi de « repousser » le traitement d'un avis de service à un moment ultérieur. Ce statut système n'est disponible que lorsque l'avis de service est ouvert. On peut filtrer ces avis-là en sélectionnant le statut REPOUSSÉS.

▶ On peut mettre un avis de service EN COURS : cela signifie que l'exécution de la résolution de cet avis de service est en cours.

Impossible de repousser un avis en cours

 Dès qu'un avis de service est passé en statut EN COURS, il est impossible de le « repousser ».

▶ Enfin, l'avis de service peut être CLÔTURÉ : plus aucune action n'est requise. La clôture peut être technique ou commerciale. La clôture technique veut dire qu'aucune action « de terrain » n'est requise sur l'avis. La clôture commerciale, elle, veut dire qu'en plus de l'intervention de terrain, toute tâche administrative nécessaire sur l'avis est terminée.

3.5.1 Filtres possibles par champs de la liste d'avis

Avant de voir les différents filtres et paramètres de recherche possibles, nous allons en apprendre un peu plus sur la navigation dans SAP.

Pour avoir accès aux différents procédés permettant de filtrer et de faire des recherches, il faut d'abord cliquer sur le bouton de sélection multiple qui apparaît à la droite de chaque champ de la transaction IW59, comme vous pouvez le voir sur la Figure 3.27.

Figure 3.27 : Sélection multiple

Lorsque vous avez double-cliqué sur le bouton, vous obtenez une petite fenêtre de sélection multiple pour avis de service, telle que celle sur la Figure 3.28.

Figure 3.28 : Sélection multiple pour avis

Dans cette fenêtre de sélection multiple, vous disposez de quatre manières de faire des recherches. Il n'est cependant pas possible de combiner les recherches parmi les quatre onglets ci-dessus.

Détaillons cette fenêtre en analysant ses onglets ainsi que les icônes qui se trouvent en bas à droite de celle-ci.

Cet onglet permet, pour le champ sélectionné, d'entrer des valeurs indivi-duelles de SAP, quel que soit leur ordre (voir Figure 3.29).

Sélectionner valeurs individuelles

Figure 3.29 : Sélectionner valeurs individuelles

Sélectionner intervalles

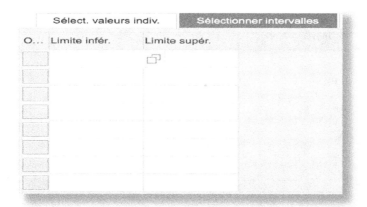

Figure 3.30 : Sélectionner intervalles

La sélection d'intervalles de numéros sous-entend que l'on reprend tous les avis de service compris dans une tranche de numéros (voir Figure 3.30).

49

Cette action est particulièrement utile lorsque l'on trouve une logique der-rière les tranches de numéros d'avis de service, par exemple, s'il existe une tranche spécifique par type d'avis de service.

Exclure valeurs individuelles

Figure 3.31 : Exclure valeurs individuelles

Grâce à cet onglet, il est possible d'exclure certains cas particuliers du rap-port (voir Figure 3.31).

Exclure intervalles

Figure 3.32 : Exclure intervalles

L'exclusion d'intervalles de numéros d'avis de service peut servir pour les mêmes raisons que l'inclusion d'un intervalle, c'est-à-dire que l'on peut vouloir exclure des avis créés durant une certaine période ou des avis d'un certain type (voir Figure 3.32).

Icônes d'exécution de la sélection multiple

Figure 3.33 : Symbole Reprendre

Le symbole REPRENDRE (voir Figure 3.33) est identique à celui du « Exécuter » et a le même effet que celui-ci : on procède dans la transaction avec la sélection qui a été faite au préalable.

Figure 3.34 : Contrôler entrées

Le symbole CONTRÔLER ENTRÉES (voir Figure 3.34) permet de corriger les incohérences entre exclusions et inclusions de valeurs individuelles ou d'intervalles.

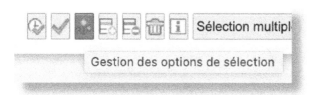

Figure 3.35 : Gestion des options de sélection

Les options de sélection (voir Figure 3.35) sont les options qui ont été choisies précédemment.

Figure 3.36 : Insérer la ligne

Si la sélection est incomplète ou l'écran n'a pas indiqué tous les avis de service désirés, il nous est également possible d'ajouter une ligne de sélection (voir Figure 3.36).

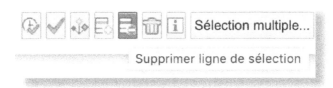

Figure 3.37 : Supprimer la ligne de sélection

Il s'agit du même principe que pour insérer une ligne, mais cette fois-ci nous sommes en mode suppression (voir Figure 3.37).

Figure 3.38 : Supprimer toute la sélection

L'icône de la poubelle (voir Figure 3.38) permet de supprimer la sélection entière.

On ne l'utilise que lorsque l'on est bien sûr de ce que l'on fait !

Figure 3.39 : Aide sur écran

L'AIDE SUR ÉCRAN (voir Figure 3.39) est disponible dans plusieurs transactions de SAP. Elle donne des informations supplémentaires sur le contexte de la transaction.

Figure 3.40 : Sélection multiple

La SÉLECTION MULTIPLE (voir Figure 3.40) permet de reprendre plusieurs numéros d'avis de service en même temps.

Figure 3.41 : Import de fichier texte

Il est également possible d'importer un fichier texte (voir Figure 3.41) pour y ajouter une sélection d'avis de service.

Figure 3.42 : Charger du presse-papiers

Ici, dans le presse-papiers (voir Figure 3.42), nous reprenons des numéros d'avis qui ont été sauvegardés dans un presse-papiers (c'est-à-dire après les avoir « copiés »). Ils peuvent ensuite être collés dans notre session SAP.

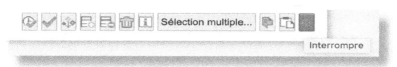

Figure 3.43 : Interrompre

Le symbole INTERROMPRE (voir Figure 3.43), comme pour le symbole « Suppression », doit être utilisé avec précaution car il ferme la fenêtre de sélection sans rien sauvegarder.

3.5.2 Critères de recherche

Après avoir vu les statuts d'avis ainsi que la manière de faire des sélections multiples, analysons les différents critères de recherche disponibles dans IW59.

Dans la liste ci-après, nous faisons référence à la Figure 3.26.

▶ AVIS : il est possible de faire des recherches par numéro d'avis de service.

▶ TYPE D'AVIS : il s'agit d'un très bon filtre discriminant car il permet de faire la différence entre les demandes de service qui peuvent être exécutées, les demandes urgentes et les rapports d'activité.

▶ POSTE TECHNIQUE : un regroupement physique ou logique d'équipements. Un poste technique lui-même peut être un objet de référence de l'avis de service. La recherche par poste technique fonctionne aussi lorsque l'on a comme objet de référence un équipement posé sous un poste technique.

▶ ÉQUIPEMENT : numéro de fiche équipement. La recherche de ce numéro peut aussi nous amener vers un écran de liste d'équipements.

▶ ARTICLE : numéro de fiche article SAP. La recherche de ce numéro peut également nous amener vers un écran de liste de fiches articles. L'article est associé à l'équipement qui représente l'objet de référence de l'avis de service recherché.

▶ NUMÉRO DE SÉRIE : recherche par numéro de série associé à un article ou un équipement.

▶ DONNÉES SUPPLÉMENTAIRES DE L'ÉQUIPEMENT : cette colonne est utile lorsque la fiche équipement objet de l'avis de service comprend un onglet intitulé « données supplémentaires ».

▶ ORDRE : on peut retrouver des avis en les cherchant via les ordres qui leur sont associés.

▶ DATE DE L'AVIS : correspond à la valeur du champ du même nom. L'avantage, c'est que l'on peut chercher par intervalles inclus ou exclus pour analyser des avis dont la date se situe dans une période précise.

▶ Partenaire : ici, le partenaire est en fait le numéro de fiche client associé à l'avis de service. On peut non seulement donner le numéro, mais aussi le rôle du partenaire concerné.

Nous avons parcouru les champs du sous-écran Sélection avis. Maintenant, analysons le sous-écran Données générales/données de gestion de la transaction IW59.

Afficher avis de service : sélection des avis

| Menu | | ◀ | Sauvegarder comme variante... | Retour | Terminer | Interrompre | Système | Exécuter |

Données générales/Données de gestion

Description		à	
Créé par		à	
Créé le		à	
Heure de l'avis	00:00:00	à	00:00:00
Date de référence		à	
Codage		à	
Code du codage		à	
Priorité		à	
Auteur de l'avis		à	
Modifié par		à	
Modifié le		à	
Statut inclusif		à	
Statut exclusif		à	
Poste responsable		à	
Div.poste de trav.		à	
Division de planif.		à	
Grpe de gest. PM		à	
Ctrle technique du		à	
Contrôle techn. le		à	
Début souhaité		à	
Fin souhaitée		à	
Date de clôture		à	

Figure 3.44 : Afficher liste d'avis de service (partie 2)

Dans les données générales illustrées sur la Figure 3.44, différents éléments sont pertinents à reprendre, notamment les dates de création, les catalogues de codage concernés, les inclusions et exclusions de statut, les priorités et les dates de clôture.

Ci-dessous (Figure 3.45), voici la dernière partie de la transaction IW59. Il faut noter que toutes les parties de l'écran se trouvent sur le même onglet.

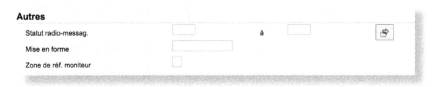

Figure 3.45 : Afficher liste d'avis de service (partie 3)

La partie Autres (voir Figure 3.45) n'a pas vocation à filtrer les avis, mais plutôt à gérer la façon dont les résultats vont être affichés.

Il est possible de faire apparaitre les résultats via la Zone de référence moniteur, visible Figure 3.46. Elle permet de repérer les avis dont la priorité et la fin souhaitée nous démontrent que l'on est en retard pour les traiter.

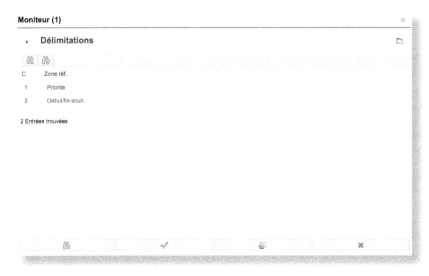

Figure 3.46 : Zone référence moniteur

La mise en forme des résultats affichés peut être définie soit pour tous les utilisateurs soit pour l'utilisateur qui procède à l'exécution de la liste. Elle permet de spécifier les colonnes que l'on veut voir apparaitre dans la liste des résultats.

Un grand nombre de filtres peuvent être appliqués, que ceux-ci soient combinés ou indépendants.

Nous avons maintenant terminé le premier scénario.

4 Scénario 2 : une aide urgente à Pizza rapide avec l'avis de service de type « avis client »

Le deuxième scénario présenté dans cette partie illustre une intervention immédiate de Smart Fone directement dans les bureaux du client.

Pour rappel, Smart Fone offre ses produits et services à deux types de clients :

- ▶ les particuliers ;
- ▶ les sociétés.

La manière dont le service leur est fourni diffère : le particulier achète des téléphones intelligents à l'unité tandis que la société, elle, s'en procure en grande quantité.

Une autre différence importante réside dans le fait qu'un client société a **toujours une garantie** attachée à son contrat de vente de téléphones, ce qui permet à Smart Fone de pénétrer plus rapidement ce segment de marché avec une politique axée sur l'excellence du service à la clientèle.

Deux données transactionnelles sont créées à cet effet : un avis de service et un ordre de service. Le type d'avis dont nous aurons besoin est un avis standard appelé *avis client*. Il peut être créé non seulement via la transaction IW51, mais aussi via la transaction spécifique à ce type d'avis de service : IW54, comme vous pouvez le voir Figure 4.1.

Figure 4.1 : Transaction « IW54 – Avis client » du menu SAP

Les types d'avis de service standards

Durant toute implémentation du système SAP, la bonne pratique consiste à reprendre l'un des types d'avis de service standards (c'est-à-dire ceux fournis par défaut par SAP) et de le copier dans l'outil de configuration via la transaction SPRO. C'est ce type d'avis copié qui sera ensuite utilisé par l'entreprise utilisatrice de SAP.

Néanmoins, dans le cas de Smart Fone, nous évoquons les types d'avis standards car ce sont leurs mécanismes qui sont appliqués dans ce manuel.

L'entreprise montréalaise de livraison de pizza « Pizza rapide » est un gros client de Smart Fone.

Elle emploie cent livreurs de pizza qui travaillent d'arrache-pied dans tout Montréal et la province de Québec. Pour rester en contact constant avec ses livreurs, Pizza rapide a besoin de leur fournir des téléphones intelligents.

En effet, les livreurs ne peuvent être « livrés à eux-mêmes » en cas de problème et doivent faire remonter toute information pertinente à leurs collègues et supérieurs. Grâce à l'utilisation d'appareils mobiles, les livreurs peuvent également vérifier et ajuster leurs horaires et leurs trajets. Ils contactent le siège social pour optimiser leurs trajets lorsqu'il est opportun de le faire.

C'est la vice-présidente des ventes, Annie Smart, qui a négocié le contrat de service conclu avec Pizza rapide. Encore aujourd'hui, Annie fête chaque année le jour de la conclusion de ce contrat comme on célèbre un anniversaire !

Smart Fone, lors de la vente des téléphones, s'est assurée de négocier un contrat de garantie. Celui-ci stipule que toute intervention à effectuer pour Pizza rapide doit être considérée comme étant urgente.

Michael Smart a fait en sorte que, dans son équipe, seuls lui-même et un employé appelé Miguel Lopez reçoivent les appels pour toute demande émanant de Pizza rapide.

4.1 L'avis de service pour Pizza rapide

4.1.1 Le signalement de la panne

Un jeudi matin, Pizza rapide appelle Miguel. Il répond comme suit :

– « Vous êtes bien chez Smart Fone, merci pour votre appel, Miguel à l'appareil. En quoi puis-je vous aider ?

– Bonjour, c'est Catherine de Pizza rapide. Je vous appelle pour vous dire que les téléphones de cinq de nos livreurs sont actuellement en panne.

– Nous prenons cette information très au sérieux, Madame. Est-ce que vos livreurs sont en ce moment à Montréal ?

– Oui, et tous les téléphones en panne sont en ce moment à notre siège social qui se trouve au centre-ville de Montréal.

- Madame, la bonne nouvelle est que votre siège social se situe à moins de dix kilomètres du nôtre. Je vais envoyer deux techniciens pour réparer le plus vite possible tous vos téléphones. Je me rends aussi personnellement à votre bureau avec eux pour leur donner un coup de main. D'ici moins d'une heure, nous serons arrivés au 1 000 rue de la Pizza.

- Merci beaucoup Miguel, nous vous attendons au bureau.

- Merci Madame, mais excusez-moi ! J'ai oublié de vous demander deux choses : quels sont les numéros de série des téléphones en panne ? Quand est-ce que la panne a été détectée pour chacun des appareils ?

- SMART00012, SMART00014, SMART00016, SMART0018, SMART0020. La panne a débuté aujourd'hui, le 22 septembre 2018, à 9h.

- Merci Madame. Avec ces informations, je peux créer un avis et un ordre de service pour chacun de ces téléphones. »

Comme dit plus haut, pour obtenir la transaction IW54, il suffit de suivre l'arborescence suivante :

LOGISTIQUE • SERVICE CLIENTS • GESTION DES SERVICES • AVIS/MESSAGE • CRÉER (SPÉCIAL) • AVIS CLIENT.

En double-cliquant sur IW54, on crée un avis de service.

Par la suite, le type d'avis standard S1 s'affiche automatiquement.

Sur l'écran initial présenté Figure 4.2, les éléments suivants sont visibles :

▶ le DONNEUR D'ORDRE ;

▶ les DONNÉES SUPPLÉMENTAIRES ;

▶ l'OBJET DE RÉFÉRENCE ;

▶ la BARRE D'ACTIVITÉS (à droite de l'écran).

Cet écran initial est divisé en deux parties. Sur la Figure 4.3 ci-dessous, vous pouvez voir les sous-onglets :

▶ EXÉCUTION ;

▶ POSTE.

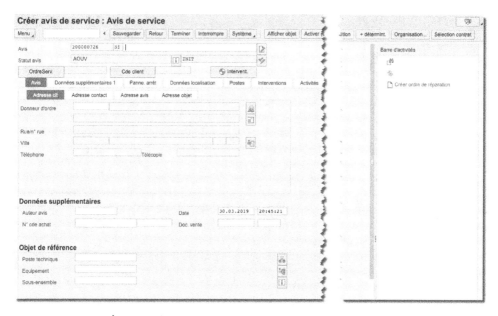

Figure 4.2 : Écran initial de l'avis client

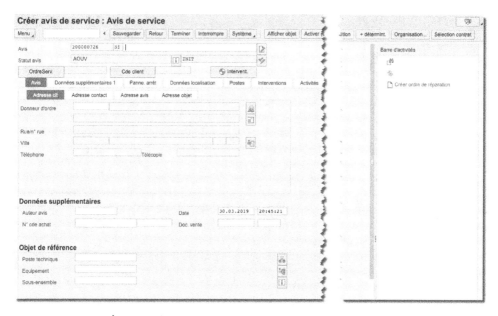

Figure 4.3 : Écran initial de l'avis de service (bas de page)

Le type d'avis « avis client » présente un grand nombre de similarités avec le type « demande de service » expliqué au chapitre 3. Voyons maintenant les différences sur l'onglet proposé par défaut par SAP.

Figure 4.4 : Onglet Panne, arrêt

L'onglet PANNE, ARRÊT, visible sur la Figure 4.4, permet de spécifier les date et heure du début de la panne.

Puis, à la résolution (souhaitée très rapide !) du problème, une heure de fin de panne est indiquée.

La durée de la panne est déduite de la soustraction entre les deux dates et heures indiquées.

Cette durée représente un indicateur de performance clé pour Michael. En effet, pour les appels urgents et les clients les plus importants de Smart Fone, les pannes ne peuvent pas dépasser 24 heures.

4.1.2 La résolution de la panne

Revenons à l'appel reçu par Miguel.

Directement suite à l'appel du client, Miguel a appelé Michael Smart.

– « Ah Miguel. Salut ça va ?

– Ça va très bien, merci de le demander ! Par contre, on a une urgence : il y a 5 téléphones en panne chez Pizza rapide.

– Oh ! As-tu envoyé des techniciens dans leurs bureaux ?

– Non, pas encore, Michael. Si tu te rappelles bien, tu m'avais dit de t'appeler en premier pour les avis urgents. Donc, là, j'ai créé un avis de service dans le système avec une date et heure de début de panne, mais pas encore d'ordre de service.

– Effectivement, tu as raison, Miguel ! Je suis en train de regarder qui parmi nos réparateurs est disponible et qui a les compétences requises pour résoudre les problèmes urgents. J'ai trois personnes qui ont le profil requis, je vais changer leur affectation à un ordre de service pour qu'ils viennent avec moi chez Pizza rapide.

– Super ! Tu prends qui avec toi ? Comme ça, je peux noter leur nom dans l'ordre de service que je vais créer.

– Charles, Romuald et Gilbert. J'aimerais que tu modifies la planification des ordres sur lesquels ils travaillent.

– Oui, j'ai donc généré cinq ordres de service directement à partir de leurs avis de service respectifs, comme notre configuration du système l'exige.

– Super, merci beaucoup Miguel ! »

Vingt minutes après cet appel, Michael est déjà arrivé avec ses trois techniciens à la réception de Pizza rapide !

Ce qu'il faut comprendre est que, quand Michael a reçu l'appel, il a demandé la création de cinq avis de service de type « avis client ».

Un avis de service par objet technique

 La société Pizza rapide a signalé que cinq téléphones sont en panne. Tout avis de service standard est créé pour un seul objet technique (c'est-à-dire un équipement ou un poste technique). Cinq avis de service sont ainsi générés pour chacun des téléphones tombés en panne.

Une série d'avis de service est créée pour le même client. Ils ont tous un identifiant commun : le poste technique « Pizza rapide ».

Nous reviendrons sur la notion de poste technique lorsque nous parlerons de données-maîtres dans la partie 4.2.3.

Pour les besoins de ce chapitre, il faut retenir que le *poste technique* est une donnée-maître du module CS qui permet de regrouper des équipements de façon physique ou logique.

Le poste technique en langage SAP

« Poste technique » dans SAP se traduit en anglais par « functional location ». C'est une des nombreuses traductions non littérales qui font de SAP un système complexe à maîtriser !

Exemple de poste technique

Voyons deux exemples de poste technique : un physique et un logique.

Pour un constructeur automobile, un poste technique représente un parc de véhicules situé dans l'un des établissements de la société. Il s'agit d'un poste technique physique.

Comme exemple de poste technique logique, j'ai aussi travaillé pour des clients pour lesquels un parc de matériel informatique représente un poste technique, quel que soit l'établissement dans lequel le matériel informatique se situe. Ceux-ci sont regroupés par type de matériel (les ordinateurs ensemble, les routeurs ensemble, etc.).

Maintenant, retournons à notre scénario de réparation urgente pour Pizza rapide. Les trois techniciens de Smart Fone sont arrivés sur place pour réparer les cinq téléphones.

Contrairement au premier scénario, des techniciens sont engagés dans la réparation des téléphones : des coûts de déplacement et de main d'œuvre sont ainsi à prendre en compte.

4.2   L'ordre de service

L'ordre de service est un objet standard SAP du module CS qui permet de faire le suivi de l'exécution du service en :

▶   planifiant la main d'œuvre ;

▶ allouant des coûts planifiés et réels aux opérations ;

▶ allouant des ressources humaines et des machines.

Un ordre de service représente un accord entre un prestataire de services et un bénéficiaire sur des services dont les coûts seront mesurés, les ressources (humaines et machines) seront planifiées et les tâches seront subdivisées en opérations.

Pour créer un ordre de service, quel que soit son type, il faut suivre l'arborescence suivante :

LOGISTIQUE • SERVICE CLIENTS • GESTION DES SERVICES • ORDRE • ORDRE DE SERVICE • IW31 – CRÉER (GÉNÉRAL).

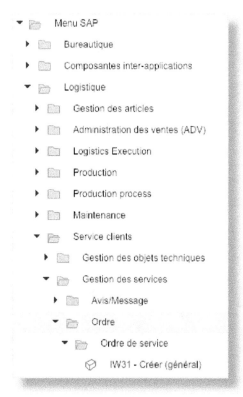

Figure 4.5 : IW31 – Créer ordre de service (général)

Lorsque vous double-cliquez sur le bouton IW31, visible sur la Figure 4.5, vous arrivez sur l'écran initial de la transaction.

Figure 4.6 : Créer ordre, écran initial

Ce que vous voyez sur la Figure 4.6 est l'écran initial d'un ordre de service. Différents éléments y sont associés :

▶ le TYPE D'ORDRE ;

▶ la PRIORITÉ ;

▶ le poste technique (POS. TECHN.) ;

▶ l'équipement (ÉQUIPEM.) ;

▶ le sous-ensemble (SS-ENSEMB.) ;

▶ la division de planification (DIV. PLAN.) ;

▶ le domaine d'activité (DOM. ACTIV.).

Tous ces éléments sont expliqués dans les prochaines sous-parties de ce chapitre.

4.2.1 Le type d'ordre

Dans la même lignée que le type d'avis de service, SAP nous procure différents *types d'ordres* de service. Le système standard en fournit trois par défaut :

▶ l'ordre de service avec contrat ;

▶ l'ordre de service avec produits ;

▶ l'ordre de service avec réparation.

4.2.2 La priorité

On peut assigner à chaque ordre un niveau de priorité. La *priorité* est paramétrée dans SPRO. Celle-ci indique la période durant laquelle Smart Fone s'engage à résoudre le problème pour le client.

4.2.3 Le poste technique

Dans le premier scénario, vous souvenez-vous du sous-onglet « Objet de référence » traité dans la partie 3.2.1 ?

Dans un ordre de service, tout comme dans un avis, l'objet de référence peut être un poste technique, un équipement ou un sous-ensemble. Il est possible de créer un ordre en inscrivant directement l'objet de référence dans l'écran initial.

En ce qui concerne Smart Fone, un *poste technique* équivaut à un regroupement de téléphones pour un même client. Il s'agit en l'occurrence du cas de Pizza rapide.

4.2.4 L'équipement

Comme pour le poste technique, *l'équipement* peut être un objet de référence pour un ordre de service.

La plupart des ordres de service de Smart Fone ont comme référence un téléphone intelligent, c'est-à-dire un équipement.

4.2.5 Le sous-ensemble

Le *sous-ensemble* consiste en un assemblage de composants. C'est en fait un regroupement de fiches articles constitué pour détailler la structure d'un équipement. Par exemple, un sous-ensemble pour le téléphone intelligent de Smart Fone peut contenir l'appareil, une protection, des écouteurs, etc.

Au préalable, pour avoir un sous-ensemble, il faut qu'une fiche article de type IBAU et une nomenclature sous celle-ci soient créées.

Les sous-ensembles n'étant pas utilisés par Smart Fone, nous n'approfondirons donc pas plus le sujet.

4.2.6   Division de planification

La *division de planification* représente un élément de la structure organisationnelle du service à la clientèle de Smart Fone.

Il s'agit du site à partir duquel la planification des services est effectuée.

Pour rappel, Smart Fone détient deux divisions de planification : le centre de distribution et le point de vente.

4.2.7   Le domaine d'activité

Le *domaine d'activité* est également un élément de la structure organisationnelle, mais du point de vue des finances et de la comptabilité.

Il désigne un segment de l'entreprise pour lequel une comptabilité externe peut être tenue.

Nous allons maintenant démontrer ce qu'implique la création d'un ordre de service.

4.3   La création d'un ordre de service

Nous avons pu voir dans la partie 3.1 qu'il existe trois types d'avis de service standards proposés par le système.

En ce qui concerne les ordres de service, trois types standards sont également proposés par le système.

Premièrement, définissons ce qu'est un *type d'ordre de service* : dans SAP, il permet de différencier les ordres de service selon des critères logistiques, financiers ainsi que selon les données-maitres ou transactionnelles qui peuvent être générées suite à sa création.

On distingue trois types d'ordres de service standards :

- ▶ SM01 - Ordre de service avec contrat ;
- ▶ SM02 - Ordre de service avec revenus ;
- ▶ SM03 - Ordre de service avec réparation.

Pour chacun de ces types, on peut gérer différents paramètres, dont :

- ▶ la tranche de numéros ;
- ▶ l'assignation à des divisions ;
- ▶ l'assignation à un type de document de vente.

Comme évoqué plus haut, chaque type peut générer des données ou être lié à des données existantes. Voici les différents cas de figure que le système standard SAP nous propose :

- ▶ SM01 - ne crée pas de nouvel objet de données, mais peut être lié à un contrat de service du module SD ;
- ▶ SM02 – peut générer la création d'une commande de vente ;
- ▶ SM03 – peut générer la création d'une commande de réparation.

Nous verrons le cas de SM02 dans le chapitre 5 et le SM03 dans le chapitre 6 de ce tutoriel.

Mais, premièrement, retournons au cas de Pizza rapide.

4.4 Le lien entre Pizza rapide, l'ordre et l'avis de service

L'introduction à l'ordre de service dans la partie 4.3 permet de comprendre les procédures que Smart Fone met en place dans le cas de Pizza rapide.

Du fait que des ressources (humaines ou matérielles) sont mobilisées et que des coûts sont engendrés pour celles-ci, un ordre de service est créé dans SAP. C'est ce qui le différencie principalement de l'avis de service.

Comment faire le lien entre les cinq téléphones à réparer et le fait que nous ayons créé un ordre de service ?

Avec SAP, c'est bien simple : on crée un ordre de service en y assignant tous les avis de service qui lui sont associés.

Ce procédé explique le fait que Michael considère la réparation des cinq téléphones comme étant une seule et même opération.

L'association entre plusieurs avis de service et un ordre est une fonctionnalité standard du module SAP CS. Une seule intervention exécutée par trois techniciens sur cinq téléphones peut être fidèlement illustrée dans le système.

> ### Avis de service, ordre de service et objet technique
>
> Retenez bien cette différence fondamentale entre les deux données transactionnelles principales du module CS (l'avis et l'ordre de service) et les objets techniques. Un avis ne peut être créé que pour un seul objet technique tandis qu'un ordre peut l'être pour de multiples objets !

4.5   Les données d'en-tête d'un ordre de service

Les données d'en-tête d'un ordre de service permettent de répondre à diverses questions à son sujet :

- ▶ Pour quel client le service sera-t-il effectué ?
- ▶ Quel service sera exécuté ?
- ▶ Qui effectuera le service ?
- ▶ Quand sera-t-il réalisé ?
- ▶ Sur quel objet technique sera-t-il exécuté ?

Répondons maintenant à toutes ces questions en détail, une par une.

Pour ce faire, créons un ordre de service de type SM01 pour Pizza rapide, qui a déjà un contrat existant avec Smart Fone.

4.5.1 Pour quel client le service sera-t-il effectué ?

Sur la Figure 4.7 ci-après, vous pouvez voir qu'on identifie un DONNEUR D'ORDRE pour tout ordre de service.

Ce donneur d'ordre représente le bénéficiaire du service et existe en tant que partenaire d'affaires dans SAP.

L'adresse qui figure dans sa fiche de partenaire d'affaires apparait par défaut sur l'écran.

Figure 4.7 : En-tête, données générales

Dans notre exemple, le client PIZZA RAPIDE apparait en tant que donneur d'ordre.

Néanmoins, si une autre adresse est requise, il est possible d'en entrer une spécialement pour l'ordre de service.

Vous pouvez également voir le sous-onglet ADRESSE OBJET qui, lui, reprend l'adresse de l'objet de référence de l'ordre de service (équipement ou poste technique).

La Figure 4.9 ci-après vous montre comment entrer une adresse qui correspond à celle de l'ordre.

Il suffit de sélectionner le logo illustré sur la Figure 4.8 pour pouvoir entrer l'adresse alternative pour l'ordre.

Figure 4.8 : Icône d'adresse pour l'ordre

Puis, sur la Figure 4.9, vous pouvez voir le pop-up avec les données de gestion d'adresse.

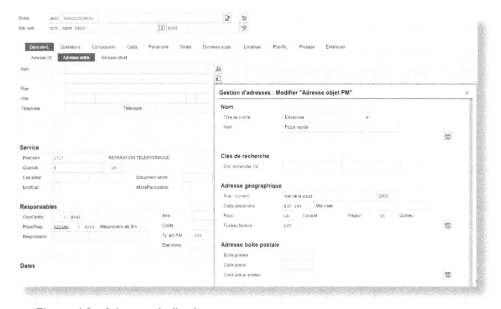

Figure 4.9 : Adresse de l'ordre

Passons à la deuxième question pour laquelle la réponse se trouve dans les données d'en-tête de l'ordre de service.

4.5.2 Quel service sera exécuté ?

Le *produit du service* représente la dénomination du service exécuté.

Dans le cas de Smart Fone, celui-ci peut porter des noms tels que « réparation », « remplacement », « mise à niveau », etc.

Il comprend une quantité et une unité de mesure.

Il est lié au contrat de vente de Smart Fone dont le numéro est indiqué dans le champ DOCUMENT VENTE.

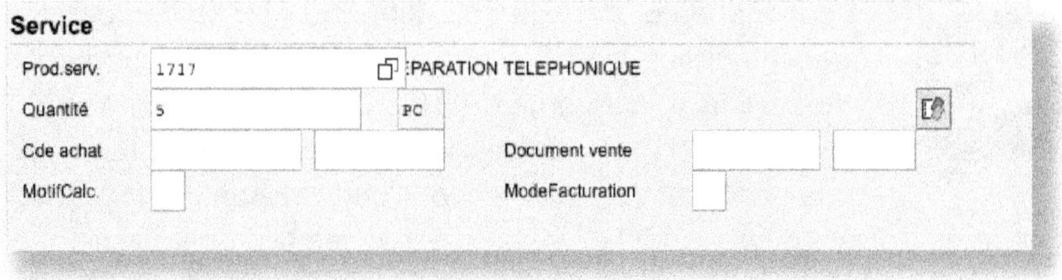

Figure 4.10 : Produit de service

Le petit champ à la droite du numéro du document de vente sur la Figure 4.10 indique la ligne du contrat pour laquelle le service est effectué.

À titre d'exemple, un seul contrat signé entre Pizza rapide et Smart Fone peut comporter un grand nombre de téléphones différents. Chaque appareil représente une ligne du contrat de vente.

▶ Le PRODUIT DE SERVICE, dans SAP, est une fiche article dont le type d'article correspond à un « service ». Sa description s'affiche automatiquement à côté de son numéro en gris RÉPARATION TÉLÉPHONIQUE.

▶ Le champ QUANTITÉ représente la quantité souhaitée de l'article de service sur l'ordre de service. Cette quantité peut être mesurée de différentes manières (heures, pièces, jours, etc.).

▶ Le champ COMMANDE D'ACHAT représente le numéro de la commande faite par le client auprès de Smart Fone.

▶ Le champ Motif de calcul sert à déterminer le tarif du service à réaliser. Il permet d'appliquer des remises ou des majorations sur le prix des services exécutés.

▶ Le Mode de facturation, lui, permet de spécifier si l'on facture le service réalisé sur base d'un prix forfaitaire ou si Smart Fone encaisse une marge sur les frais encourus pour effectuer le service.

Figure 4.11 : Icône de configuration du produit de service

Cette figure représente en fait la « configuration » du service à exécuter.

L'icône « configuration »

 La configuration, dans le contexte de la prestation de ser- vices, montre que, pour un article que l'on va nommer « réparation », différentes données varient en fonction du service à exécuter. Or, ces variations influent notamment sur le prix final du service. Pour cette raison, SAP permet à certains articles d'être « configurables » selon les besoins du client.

Dans ce scénario précis, Smart Fone n'utilise pas d'article configurable pour fournir son service.

Après avoir répondu à seulement deux questions, nous avons déjà évoqué trois objets de données différents dans SAP :

▶ le partenaire d'affaires « donneur d'ordre » ;

▶ la fiche article qui correspond au produit de service ;

▶ le contrat de vente.

Poursuivons maintenant avec la troisième question.

4.5.3   Qui effectuera le service ?

La réponse à cette question se trouve dans le sous-onglet Responsables (voir Figure 4.12).

Celui-ci nous renseigne sur les équipes et personnes chargées de la planification et de l'exécution de l'ordre de service.

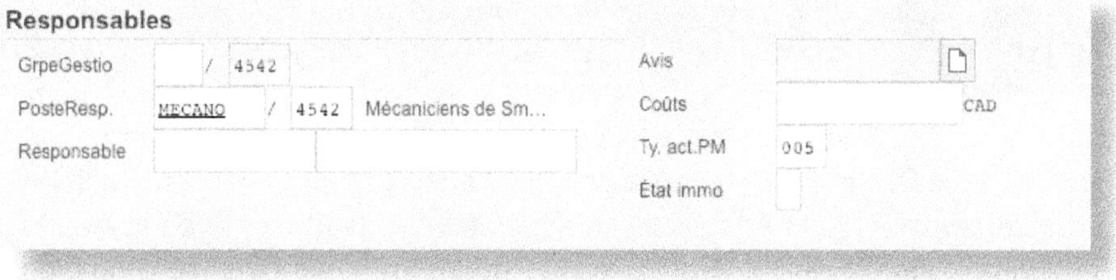

Responsables

GrpeGestio	/ 4542	
PosteResp.	MECANO / 4542 Mécaniciens de Sm...	
Responsable		

Avis	
Coûts	CAD
Ty. act.PM	005
État immo	

Figure 4.12 : Responsables de l'ordre de service

Le groupe de gestionnaires (GRPEGESTIO) assigné à un ordre de service indique la ou les personnes responsable(s) de sa planification.

Contrairement à la fiche article, le groupe de gestionnaires n'est pas un objet de données dans SAP. Il s'agit d'un paramètre de configuration qui permet de structurer la gestion des services fournis par votre entreprise.

Au sein de Smart Fone, un seul responsable a été désigné pour planifier tout le travail à réaliser pour les clients société tout comme les particuliers.

Le planificateur de la clientèle souhaitera connaître les horaires des équipes de réparateurs internes et externes travaillant pour Smart Fone.

Le groupe de planification est ainsi très proche des équipes qui travaillent sur le terrain. Souvent, le groupe de planification consiste en fait d'un technicien en chef qui fait lui-même partie de ces équipes.

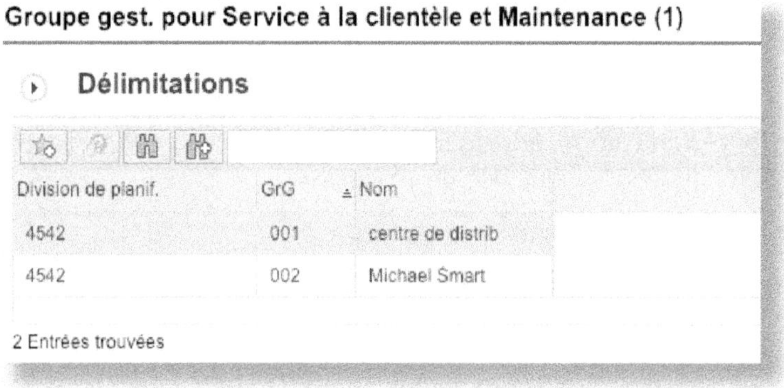

Groupe gest. pour Service à la clientèle et Maintenance (1)

▸ **Délimitations**

Division de planif.	GrG	≞ Nom
4542	001	centre de distrib
4542	002	Michael Smart

2 Entrées trouvées

Figure 4.13 : Groupe de gestionnaires

75

SAP PM et CS : deux modules frères jumeaux

 La configuration (comprenez « le paramétrage ») des modules SAP Plant Maintenance (dit « PM » ou « Maintenance d'usine » en français) et CS sont identiques à 80%. C'est la raison pour laquelle il n'est pas rare de voir des mots propres au module SAP PM utilisés pour configurer du SAP CS. Le « Groupe de gestionnaires PM » en est un fameux exemple. Bien que ces modules partagent les mêmes tables, ils utilisent des codes de transactions distincts. Ceci explique pourquoi je les considère comme étant des frères « presque » jumeaux !

Le GROUPE DE GESTIONNAIRES, le premier champ en haut à gauche du sous-onglet RESPONSABLES de la Figure 4.12, est défini au niveau de la division de planification.

Comme illustré sur la Figure 4.13, Smart Fone comprend deux groupes de gestionnaires au niveau de son centre de distribution. En effet, le numéro de la division du centre est 4542 tandis que les groupes de gestionnaires (GRG) sont numérotés avec trois caractères et ont un nom.

Retournons au sous-onglet RESPONSABLES sur la Figure 4.12. En-dessous du champ GRPEGESTIO indiquant le groupe de gestionnaires, nous trouvons le champ POSTERESP. Même si l'ordre de service est exécuté par différentes équipes, une équipe est toutefois désignée comme responsable de l'exécution globale de l'intervention.

Par poste, on sous-entend poste de travail. Le *poste de travail* est un objet de données SAP utilisé dans plusieurs modules (PP, PP-PI, PS, QM, PM, CS, etc.), notamment :

- ▶ PP = Production Planning (« Planification de la production ») ;
- ▶ PP-PI = Production Planning for Process Industries (« Planification de la production – Industries de process ») ;
- ▶ PS = Project Systems (« Gestion de projets ») ;
- ▶ QM = Quality Management (« Gestion de la qualité »).

Dans la partie 7.6, nous nous pencherons un peu plus longuement sur la configuration et la fiche du poste de travail.

Pour l'instant, retenez que le poste de travail représente des équipes de techniciens de Smart Fone qui exécutent des opérations de l'ordre de service.

Sur la Figure 4.14 ci-dessous, vous verrez un aperçu d'un poste de travail dans le système.

Afficher poste de travail : données de base

| Menu ⌄ | | | ◀ Retour | Terminer | Interrompre | Système ⌄ | Système des ressources humaines |

| Division | 4542 ⬚ | Smart fone centre distribution |
| Poste de travail | MECANO | Mécaniciens de Smart Fone |

| **Données de base** | Val. par défaut | Capacités | Ordonnancement | Calcul du CR |

Données générales

Type poste de trav.	0003	Personne
Responsable		
Localisation		
Système EDQ		
Aire de stockage		
Utilisation gamme	009	Tous les types de gammes
Matrice de changment		
☐ Sortie rétroactive		

Figure 4.14 : Poste de travail, données de base

Tout d'abord, dans l'écran initial, on voit qu'un poste de travail est toujours créé pour une division. Dans le cas du poste de travail MÉCANO, la division 4542 correspond au centre de distribution de Smart Fone.

On peut voir cinq onglets dans chaque poste de travail :

▶ DONNÉES DE BASE ;

▶ VALEURS PAR DÉFAUT ;

▶ CAPACITÉS ;

▶ ORDONNANCEMENT ;

▶ CALCUL DU COÛT DE REVIENT (= CR).

Nous reviendrons sur le détail de ces onglets et de la configuration du poste de travail dans la partie 7.6.

Revenons à notre fameux sous-onglet Responsables affiché sur la Figure 4.12.

Le dernier champ visible à gauche en bas du sous-onglet est Responsable.

Remarquez que nous changeons de niveau dans la structure organisationnelle de SAP. Après le groupe de gestionnaires et le poste de travail qui sont tous les deux créés au niveau de la division, le responsable, lui, est tout simplement responsable de l'ordre de service en question et non de la division de planification.

Dans ce champ, nous allons indiquer *un matricule* d'employé, c'est-à-dire en fait son numéro d'employé dans SAP. Ce salarié est affecté à un poste de travail, autrement dit à une équipe de mécaniciens.

Il faut rappeler que ces équipes peuvent être internes ou externes à Smart Fone.

Employés externes et sous-traitants dans SAP CS

 Une pratique courante consiste à faire appel à des sous-traitants ou des employés externes qui fournissent des services de Smart Fone à des clients. Ceux-ci peuvent avoir une fiche employé créée dans le système, ainsi qu'un poste de travail créé spécifiquement pour eux.

Figure 4.15 : Personnes affectées à un poste de travail

Regardons maintenant le côté droit du sous-onglet Responsable (Figure 4.12).

Quatre éléments y sont listés :

▶ Avis (de service) ;

▶ Coûts ;

▶ Ty.act. PM (type d'activité PM) ;

▶ État immo.

Avis de service

Un avis de service peut être créé à partir de l'ordre de service.

Inversement, un ordre de service peut également être créé à partir d'un avis.

Coûts

Le champ Coûts représente les coûts globaux estimés de l'ordre de service. Il existe uniquement à titre indicatif. Les chiffres qui y sont entrés n'ont aucune influence sur les autres données de l'ordre. Aucune vérification de cohérence n'est effectuée par le système.

Il peut néanmoins aider Michael Smart à voir si les évaluations initiales des coûts de réparation et d'entretien sont conformes à la réalité.

Type d'activité PM

Vous pouvez constater que le fameux acronyme PM hérité du module SAP Plant Maintenance apparaît de nouveau.

SAP y ajoute un autre niveau de complexité car le libellé du champ affiché sur la transaction ne correspond pas à celui qui s'affiche lorsque l'utilisateur veut voir la liste de valeurs possibles du champ. On lit donc Type de travail au lieu de *Type d'activité PM,* comme illustré sur la Figure 4.16.

Les cinq valeurs que vous voyez sur cette fenêtre sont celles fournies par défaut par le standard SAP. Dans le cas de Smart Fone, les choix pertinents de type de travail sont : Garantie, Inspection et Remise en état.

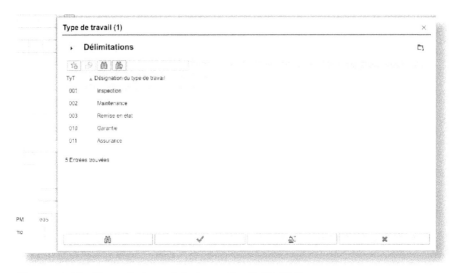

Figure 4.16 : Type de travail (= type d'activité PM)

État immo

Comme vous pouvez le voir sur la Figure 4.17, le sous-onglet ÉTAT IMMO. indique si l'équipement en question est en service, hors service ou si son état doit encore être inspecté. La colonne RÉSERVAT. nous montre que des besoins en capacité de poste de travail (c'est-à-dire des heures de main d'œuvre ou des heures d'utilisation d'une machine) sont requis lorsque l'équipement est hors service.

Figure 4.17 : État d'immobilisation

Le terme IMMO est un peu trompeur dans le contexte de Smart Fone, mais vous allez comprendre sa raison d'être. Dans la version française de SAP, il signifie *immobilisation*, traduit de *asset* en anglais.

Un équipement, lorsque sa valeur financière peut déprécier dans le temps, est aussi créé en tant qu'immobilisation, ce qui permet de suivre sa valeur comptable à travers le temps. Nous ne démontrerons pas ce point-là dans le tutoriel. Cependant, on peut voir sur la Figure 4.18 le paramétrage qui permet de faire en sorte qu'à chaque fois qu'un équipement est créé, une immobilisation est créée en même temps.

Il faut aller en paramétrage en suivant l'arborescence suivante :

COMPTABILITÉ FINANCIÈRE (NOUVEAU) • COMPTABILITÉ DES IMMOBILISATI-ONS • DONNÉES DE BASE • CRÉATION AUTOMATIQUE DE FICHES D'ÉQUIPE-MENT • DÉFINIR LES CONDITIONS POUR LA SYNCHRONISATION DES DONNÉES DE BASE.

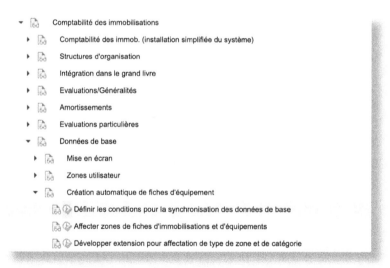

Figure 4.18 : Comptabilité des immobilisations

Dans ce menu, nous pouvons définir la façon dont la synchronisation entre création d'équipement et création d'immobilisation va se dérouler.

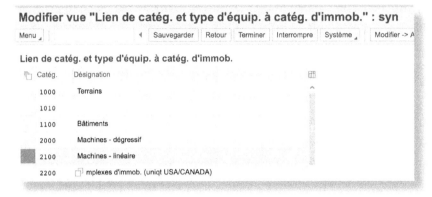

Figure 4.19 : Lier catégorie d'équipement à catégorie d'immobilisation

Tout d'abord, il faut choisir la catégorie d'immobilisation qui sera sujette à synchronisation, comme vous pouvez le voir sur la Figure 4.19. Typiquement, ce sont les immobilisations machines qui subissent des amortissements, que ceux-ci soient linéaires ou dégressifs.

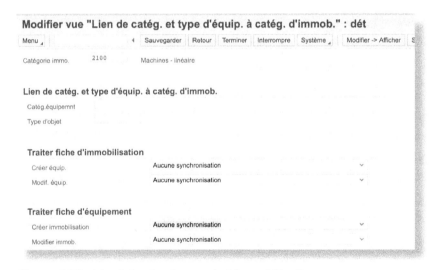

Figure 4.20 : Lier fiche équipement et immobilisation

Lorsque la catégorie d'immobilisation est sélectionnée, il faut spécifier la *catégorie d'équipement* avec laquelle la synchronisation sera faite. Nous pouvons aussi préciser pour quel *type d'objet* elle sera utilisée.

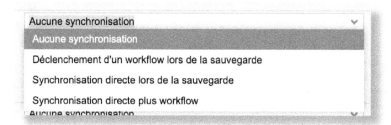

Figure 4.21 : Règles de synchronisation entre équipement et immobilisation

Après avoir choisi la catégorie d'équipement et accessoirement, le type d'objet, il faut maintenant déterminer le type de synchronisation qui sera appliqué (Figure 4.21).

▶ Aucune synchronisation : catégorie par défaut.

▶ Déclenchement d'un workflow lors de la sauvegarde : cette méthode-là exige qu'un workflow soit configuré pour qu'un utilisateur SAP décide d'associer ou non un équipement et une immobilisation dans SAP.

▶ Synchronisation directe lors de la sauvegarde : dès que l'immobilisation est créée, le système crée un équipement qui lui est corrélé.

▶ Synchronisation directe plus workflow : le système crée non seulement l'équipement dès que l'immobilisation est créée (ou vice-versa), mais il déclenche en plus un workflow.

Sur la Figure 4.18 nous voyons que nous pouvons sélectionner les zones pour lesquelles la synchronisation sera activée via l'élément Affecter zones de fiches d'immobilisations et d'équipements.

En entrant dans ce paramètre de SPRO, nous obtenons l'écran présenté sur la Figure 4.22.

Modifier vue "Affectation de zone FI-AA / PM" : synthèse

| Menu | ◄ Sauvegarder | Retour | Terminer | Interrompre | Système | Modifier -> Afficher |

Affectation de zone FI-AA / PM

N° ...	Zone AA	Désignation	Zone PM	Désignation	Affectation active	
5	BUKRS	Société	BUKRS	Société	✓	
10	TXT50	Désignation	SHTXT	Désignation objet	✓	
15	INVNR	Numéro d'inventaire	INVNR	N° inventaire	✓	
20	KOSTL	Centre de coûts	KOSTL	Centre de coûts	✓	
25	WERKS	Division	SWERK	Div.de localisation	✓	
30	STORT	Localisation	STORT	Localisation	✓	
35	GSBER	Domaine d'activité	GSBER	Domaine d'activité	✓	
40	LIFNR	Fournisseur	ELIEF	Fournisseur	✓	
45	HERST	Fabricant	HERST	Fabricant	✓	
50	LAND1	Pays d'origine	HERLD	Pays de fabrication	✓	

Figure 4.22 : Affectation de zones FI-AA/PM

Cet écran nous montre trois éléments :

▶ ZONE AA : AA veut dire *asset accounting*, ce qui signifie en français « comptabilité des immobilisations ». Il s'agit des champs (ou des zones) qui se trouvent dans une table du module FI-AA et qui peuvent être associés à ceux de tables PM.

▶ ZONE PM : PM signifie « Plant Maintenance ». Les zones apparaissant dans cette catégorie existent aussi dans des tables appartenant à ce module de SAP.

▶ AFFECTATION ACTIVE : il faut cocher la case dans cette colonne pour activer l'affectation.

Le numéro courant, dans la toute première colonne, n'est qu'un numéro donné par SAP pour le champ en question.

Passons à la quatrième question.

4.5.4 Quand sera-t-il réalisé ?

Pour savoir quand le service sera effectué, il faut regarder les dates planifiées à deux niveaux (voir Figure 4.23) : d'un côté, l'en-tête de l'ordre de service et de l'autre, les opérations de la transaction.

Figure 4.23 : Dates de l'ordre de service

En en-tête de l'ordre de service, deux dates sont fournies par SAP :

▶ Début planifié (Déb. plnf.) ;

▶ Fin planifiée (Fin plan.).

Ces deux dates sont déterminées grâce à la date de création de l'ordre de service dans SAP ainsi que la priorité indiquée, comme vous pouvez le voir sur la Figure 4.24.

En fonction de cette priorité, le service doit être réalisé en suivant un certain échéancier.

Plus la priorité sera élevée, plus vite le service sera fourni Di.

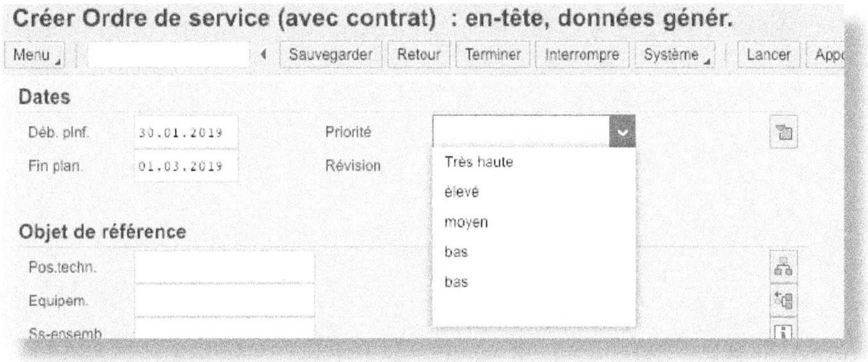

Figure 4.24 : Priorité de l'ordre de service

Les priorités se configurent elles aussi dans le module CS.

Elles peuvent être assignées à des avis tout comme à des ordres de service.

Priorité et zone référence moniteur

Petit rappel sur la Figure 3.46 : lorsque l'on ouvre une transaction de liste d'avis et d'ordres de service, la priorité nous permet de voir, via la zone référence moniteur, si l'on est en retard sur la résolution d'un avis ou d'un ordre de service.

Retournons en configuration pour analyser comment les priorités sont déterminées :

Gestion de la maintenance et le service à la clientèle • Ordres de travail et ordres de service • Données générales • Définir des priorités.

Lorsque l'on sélectionne cet élément de la configuration, on obtient la fenêtre pop-up visible sur la Figure 4.25.

Figure 4.25 : Définir des priorités

Trois éléments doivent être définis pour gérer les priorités d'un ordre de service :

1. Définir les types de priorités ;

2. Définir les priorités par type de priorité ;

3. Définir le type de priorité des ordres.

Figure 4.26 : Types de priorité

Par défaut, le type de priorité SM est proposé pour les ordres de service du module CS (voir Figure 4.26).

Sigle SM pour le module CS

La raison pour laquelle on trouve le sigle SM comme type de priorité pour le module CS est que l'ancien nom du module Customer Service était *Service Management*.

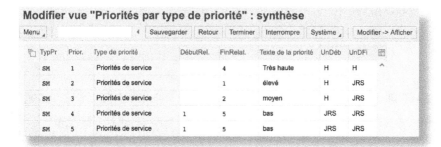

Figure 4.27 : Le type de priorité

Un type de priorité contient plusieurs priorités. Chacune d'entre elles représente une ligne dans le tableau Figure 4.27.

Pour chaque priorité, on définit les éléments suivants :

▶ DébutRel. : il s'agit de la date de début relative en jours de l'intervention, de l'avis ou de l'ordre. Cette valeur permet de calculer cela automatiquement.

▶ FinRelat. : il s'agit de la date de fin relative en jours de l'intervention, de l'avis ou de l'ordre. Cette valeur permet de calculer cela automatiquement.

▶ Texte de la priorité : description de la priorité.

▶ UnDéb : unité de la date de début relative, habituellement calculée en jours ou en heures.

▶ UnDFI : unité de la date de fin relative, habituellement calculée en jours ou en heures.

Nous avons ainsi cinq priorités pour le type de priorité SM.

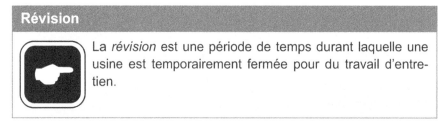

Figure 4.28 : Type de priorité par type d'ordre

C'est via cet élément de configuration sur la Figure 4.28 que l'on peut assigner un type de priorité à un type d'ordre de service. La liste des priorités disponibles pour un ordre de service dépend du type de priorité assigné au type d'ordre concerné.

Sur la Figure 4.29, vous pouvez également voir le champ Révision, qui sert à mentionner la durée de la panne. Il n'est pas utilisé par Smart Fone.

| **Révision** |
| La *révision* est une période de temps durant laquelle une usine est temporairement fermée pour du travail d'entretien. |

Si vous observez bien la Figure 4.29, vous verrez que le sous-onglet des dates est étendu.

Figure 4.29 : Dates d'ordonnancement supplémentaires

Pour rappel, dans le chapitre 3, nous avons distingué les notions de planification et d'exécution du service.

Lorsque l'on parle d'ordonnancement dans SAP, on est dans la phase de planification du travail à effectuer.

Plusieurs règles peuvent être appliquées pour ordonnancer un ordre de service.

Sous les champs DÉB. PLNF. et FIN PLAN., nous pouvons voir les dates de début et de fin d'ordonnancement.

Ajoutons-y le type d'ordonnancement pour comprendre comment celui-ci est réalisé dans SAP.

SAP suggère cinq types d'ordonnancement pour un ordre de service :

▶ Aval ;

▶ Amont ;

▶ Besoins en capacité ;

▶ Date du jour ;

▶ En aval avec indication heure ;

▶ Amont avec heure.

L'ordonnancement est une fonctionnalité-clé dans SAP et est utilisé dans divers modules : CS, PM, PP, PS pour ne nommer que ceux-là.

Lorsque l'on paramètre l'ordonnancement d'un ordre de service, la première des distinctions à faire est la suivante :

« Est-ce que je veux respecter une date de fin déjà connue ou est-ce que je veux finir le travail le plus vite possible ? »

Michael Smart est un grand partisan du travail efficace et terminé le plus rapidement possible. Pour un ordre urgent comme celui commandé par Pizza rapide, il est évident que, pour Michael, la vitesse à laquelle le travail sera terminé importe le plus.

Si l'on veut finir « le plus vite possible », on ordonnance le travail en aval de la date de fin planifiée.

Lorsque l'on veut respecter la date de fin réelle du travail, on l'ordonnance en amont.

Michael veut donc appliquer un ordonnancement en aval pour ses ordres de service.

Par ailleurs, dans le cas d'un ordonnancement en amont, si la date de début planifiée se trouve dans le passé, le système devra passer à un ordonnancement en aval.

Ordonnancement en amont et en aval

 Voici une petite astuce mnémotechnique pour distinguer les deux méthodes.

En aval, on part du haut de la vallée pour la descendre en découvrant au fur et à mesure combien de temps cela prendra pour la traverser entièrement.

En amont, on connait l'altitude de la montagne, mais on ne sait pas combien de temps cela prendra pour grimper jusqu'au sommet.

Cette astuce marche pour moi, j'espère que ce sera le cas pour vous également !

Les quatre autres types d'ordonnancement standards sont à résumer comme suit :

▶ AMONT AVEC HEURE : ordonnancement en amont avec détermination de l'heure ;

▶ BESOINS EN CAPACITÉ : ceci n'est pas utilisé dans le module CS ;

▶ DATE DU JOUR : un ordonnancement en aval à partir de la date du jour ;

▶ EN AVAL AVEC INDICATION D'HEURE : ordonnancement en aval avec détermination de l'heure.

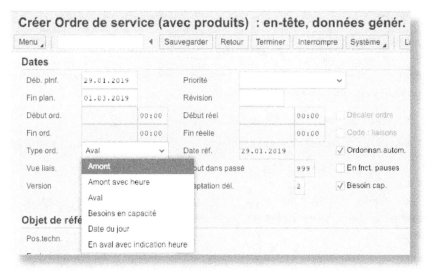

Figure 4.30 : Types d'ordonnancement

Les autres champs du sous-onglet, eux, sont liés à l'exécution de l'ordre de service.

Nous avons jusqu'à présent répondu à quatre des cinq questions concernant les données d'en-tête d'un ordre de service.

Attaquons-nous maintenant à la dernière question.

4.5.5 Sur quel objet de référence sera-t-il réalisé ?

Créer Ordre de service (avec produits) : en-tête, données génér.

Menu ↲		◄ Sauvegarder	Retour	Terminer	Interrompre	Système ↲	Lancer
Type ord.	Aval ⌄	Date réf.	29.01.2019			√ Ordonnan.autom.	
Vue liais.	Antécédent ⌄	Début dans passé		999		En fnct. pauses	
Version	⌄	Adaptation dél.		2		√ Besoin cap.	

Objet de référence

Pos.techn.	SF-TEL-BO	Smart Fone: téléphones en boutique	
Equipem.	10006384	téléphone intelligent Smart Fone	
Ss-ensemb.			

Figure 4.31 : Objet de référence

L'objet de référence peut être de trois natures différentes, comme vous pouvez le voir sur la Figure 4.31 :

▶ un poste technique (Pos.techn.) ;

▶ un équipement (Équipem.) ;

▶ un sous-ensemble (Ss-ensemb.).

Une définition complète des objets techniques est disponible au chapitre 7. Cependant, pour vous aider ici, expliquons brièvement chacun de ces termes.

Un *poste technique* est une entité organisationnelle qui structure les objets sur lesquels des services sont fournis au client. Cette structure peut être montée selon trois approches différentes dans le système :

▶ une approche fonctionnelle (structure logique) ;

▶ une approche orientée processus (structure logique) ;

▶ une approche spatiale (structure physique).

Un *équipement* dans SAP représente un objet physique et individuel qui peut être entretenu via un avis ou un ordre de service.

Un *sous-ensemble* est un groupe de pièces ou de produits semi-finis assemblés pour composer soit un produit fini soit **un composant** d'un produit fini.

Cet objet est moins utilisé dans l'industrie et n'est pas pertinent dans le cas de Smart Fone.

Pour rappel, l'ordre de service permet de planifier, suivre et documenter l'exécution d'un service pour un client.

Maintenant que nous avons parcouru les différents champs affichés par défaut en en-tête d'un ordre de service, tournons-nous vers l'onglet « Opérations » (partie 4.6).

Dans le scénario concernant Smart Fone, une équipe de techniciens a été déployée chez Pizza rapide pour réaliser un service en urgence.

Il est important de comprendre tout ce qui influe sur la documentation du service presté pour Pizza rapide.

4.6 Les opérations d'un ordre de service

Les opérations sont créées à un niveau subordonné à l'en-tête d'un ordre de service. Ce qui caractérise un ordre, c'est le fait qu'il comprenne des opérations permettant de suivre sa progression. Au niveau des opérations, nous gérons les éléments suivants :

▶ la planification du travail ;

▶ l'assignation d'un poste de travail (équipe de mécaniciens internes ou externes à Smart Fone) ;

▶ une durée ;

▶ un collecteur de coûts ;

▶ un membre du personnel ;

▶ un achat de pièces détachées ou de matériel ;

▶ une clé de commande.

Premièrement, rentrons dans l'onglet, comme illustré sur la Figure 4.32 : c'est ainsi qu'un onglet LISTE DES OPÉRATIONS apparait dans SAP.

Figure 4.32 : Opérations d'un ordre de service

Une opération contient les éléments suivants :

▶ un numéro (Opé.) : la bonne pratique consiste à incrémenter les numéros par 0010. La première opération est ainsi 0010, puis 0020, 0030, etc.

▶ Une sous-opération (SsO) : il est possible d'entrer des sous-opérations. Cette fonctionnalité est moins pertinente pour ce tutoriel. Une *sous-opération* est subordonnée à une opération existante sur l'ordre de service.

▶ Un poste de travail (Pos. tr.) : peut représenter une équipe de techniciens. Il sera défini en détail au chapitre 7 du tutoriel.

▶ Une division (Divis.) : la division de planification à partir de laquelle l'opération est exécutée.

▶ Une clé de commande (Clé…) : elle détermine, au niveau de l'opération, les activités subséquentes qui peuvent être exécutées. Elle indique, par exemple, s'il est possible d'imprimer les données de l'opération.

▶ Une clé de référence (Clé Réf.) : elle permet d'affecter à l'opération une description via un code. Elle représente donc un gain en efficacité pour une entreprise qui fournit plusieurs fois les mêmes services à ses clients.

▶ La désignation de l'opération (Design. opération) : la description de l'opération.

▶ Un texte (TEX.) : dans un ordre de service, il est possible d'écrire un long texte sur l'opération.

▶ Le TRAVAIL RÉALISÉ : la durée du travail exécuté en unité de temps.

▶ L'unité de la charge (U) : l'unité de temps de travail en heures, minutes, secondes ou jours pour le travail réalisé. La meilleure pratique dans le secteur industriel consiste à utiliser des heures.

▶ Le travail planifié (TRAVAIL) : la durée du travail planifié en unité de temps.

▶ Le nombre de capacité (No...) : ce champ indique le nombre de personnes ou de machines (en fonction du type de poste de travail) requis pour exécuter l'opération. Certaines opérations de réparation de Smart Fone, par exemple, requièrent toujours la présence de deux personnes. Ce champ est donc utile à Michael Smart.

▶ La DURÉE : la durée normale nécessaire à l'exécution de l'activité. Il s'agit d'un élément très utilisé dans les secteurs industriels intensifs en main-d'œuvre.

▶ L'unité de temps (U) : heures, jours, minutes ou secondes.

▶ La date de début au plus tôt (DATE DÉBUT...) : la première date à laquelle il est possible de démarrer l'opération.

▶ L'heure de début au plus tôt (HEURE D...) : à cette date, la première heure à laquelle il est possible de démarrer l'opération.

▶ La date de fin au plus tôt (DATE FIN + TÔT) : la première date à laquelle il est possible de terminer l'opération.

▶ L'heure de fin au plus tôt (HEURE FI...) : à cette date, la première heure à laquelle il est possible de terminer l'opération.

4.7   Les composants de l'ordre de service

Un ordre de service peut s'exécuter avec des ressources humaines et matérielles.

Celles-ci peuvent être de diverses natures : pièces détachées, fournitures de bureau, documents, etc.

Les équipes d'entretien et de réparation de Smart Fone se déplacent souvent sur le site du client avec leur propre équipement pour effectuer leur travail.

Le module SAP CS offre la possibilité à Smart Fone d'entrer un composant utilisé durant l'exécution de son service.

L'onglet COMPOSANTS peut contenir un certain nombre de lignes car plusieurs composants sont possibles pour un seul ordre de service.

Les composants sont eux aussi assignés au niveau d'une opération de l'ordre.

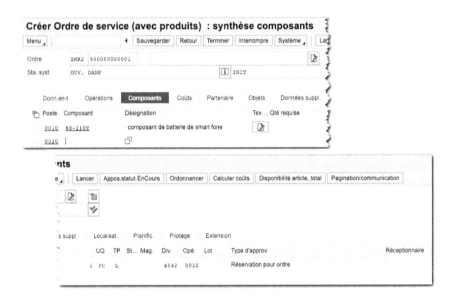

Figure 4.33 : Composants de l'ordre de service

L'exécution d'une opération d'un ordre peut requérir l'utilisation de plusieurs composants.

Sur la Figure 4.33, vous voyez un COMPOSANT DE BATTERIE DE SMART FONE dont le numéro de fiche article SAP est inscrit dans la colonne COMPOSANT.

4.7.1 Le poste

Le numéro de poste est un nombre incrémental assigné aux différents composants eux-mêmes assignés aux opérations de l'ordre de service. Par défaut, ils apparaissent en incréments de 10 : 0010, 0020, 0030, etc. Ils peuvent toutefois aussi se modifier manuellement.

4.7.2   Le composant

La description de ce numéro de fiche article est inscrite automatiquement sur l'onglet COMPOSANTS puisqu'elle est dérivée de sa fiche article.

4.7.3   Le texte

La colonne TEXTE permet d'écrire un long texte en rapport au composant. Si nécessaire, le mécanicien ou le responsable du service à la clientèle inscrit un commentaire qui sera propre au composant de l'opération de l'ordre, puisque ce texte n'est pas dérivé de la fiche article !

4.7.4   La quantité requise et unité de quantité

La colonne QTÉ REQUISE permet d'inscrire la quantité dont nous avons besoin pour fournir le service. L'unité de quantité (UQ) est dérivée de la fiche article.

S'il nous faut cinq batteries de remplacement, nous noterons ce nombre dans ce champ.

4.7.5   Le type de poste

Le type de poste (TY.) permet de différencier les composants utilisés dans un ordre de service selon les points de vue présentés sur la Figure 4.34 :

Figure 4.34 : Type de poste pour composants

- ▶ la gestion ou non de leur stock ;

- ▶ leur existence ou non en tant qu'article dans SAP ;

- ▶ le poste de stock : les articles permettant la gestion du stock ;

- ▶ le poste de document : le système gère des données de document comme, par exemple, le traitement des fichiers originaux ;

- ▶ les postes de classe pour les nomenclatures configurables : la caractéristique valorisée au moment de la configuration ;

- ▶ l'élément de structure PM : les articles de type IBAU qui servent à la structuration constructive d'un élément PM. Ce type d'article sert, dans le module PM, à créer un assemblage de fiches articles sous une nomenclature fictive. Il est utilisé à des fins de design et d'ingénierie.

4.7.6 Le stock spécial

Figure 4.35 : Le stock spécial

Le *stock spécial* est un indicateur qui caractérise la provenance des articles gérés en stock, comme illustré sur la Figure 4.35 :

- ▶ Stock division : lorsque l'article se situe dans la division logistique de l'entreprise utilisatrice de SAP ;

▶ STOCK CLIENT : lorsque l'article est la propriété du client de l'entreprise utilisatrice ;

▶ STOCK PROJET : lorsque l'article est utilisé pour un projet spécifique du module PS. Il est possible de créer l'équivalent d'un ordre de service (c'est-à-dire la planification et l'exécution du travail à effectuer) pour ce module, ce qui s'appelle des *réseaux*. Une partie du stock peut également être réservée pour ces réseaux.

▶ STOCK EN CONSIGNATION : lorsque le stock appartient encore au fournisseur de Smart Fone tant qu'il n'a pas été utilisé.

▶ STOCK D'ALIMENTATION (PIPELINE) : utilisé dans l'industrie pétrolière.

▶ STOCK D'ARTICLES CONSIGNÉS CHEZ LE FOURNISSEUR : ce type de stock spécial est utilisé pour les articles qui se trouvent chez l'entreprise utilisatrice de SAP, mais qui appartiennent au fournisseur tant qu'ils n'ont pas été retirés du stock.

4.7.7   Le magasin

Le magasin dans SAP fait partie de la structure organisationnelle d'une entreprise.

Il s'agit d'un emplacement physique à l'intérieur d'un autre élément de la structure organisationnelle : la division.

Le *magasin* représente un niveau organisationnel à partir duquel une partie du stock d'articles tangibles peut être géré. Il faut, dans la division, spécifier à partir de quel magasin nous voulons prendre le stock requis pour exécuter l'opération de l'ordre de service.

4.7.8   La division

Les composants sont toujours requis au niveau de la division. Dans le cas de l'onglet COMPOSANTS, il s'agit de la division logistique et non de la division de planification.

Ce champ est rempli en fonction du type de poste spécifié pour le composant.

4.7.9 L'opération

Le numéro d'opération est un champ obligatoire. Tous les composants apparaissent dans cet onglet, sans exception, et doivent être liés à une opération.

Il existe une relation 1:n entre les composants et les opérations, ce qui signifie qu'un composant ne peut être lié qu'à une seule opération tandis qu'une seule opération peut être liée à plusieurs composants.

4.7.10 Le lot

Le numéro de lot n'est pas pertinent pour notre scénario.

L'inventaire que Michael Smart veut gérer au point de vente et au centre de distribution ne nécessite pas une gestion en lots pour les téléphones intelligents.

Gestion en lots

La gestion en lots est requise pour des entreprises qui gèrent de nombreux inventaires de produits très différenciés.

Smart Fone ne vendant que des téléphones intelligents et des accessoires, elle ne sera pas utilisée.

4.7.11 Le réceptionnaire

Il s'agit de la personne qui reçoit le composant acheté.

4.7.12 Le point de déchargement

Cela représente l'endroit où la marchandise réceptionnée est déchargée.

4.7.13 Le poste supprimé

Ce code indique que ce poste a déjà été supprimé.

4.7.14 La marchandise en vrac

Il s'agit d'un code indiquant que les marchandises utilisées sont gérées en vrac et non à l'unité.

4.7.15 La sortie de stock rétroactive

Ce champ sert uniquement dans le module de production SAP PP.

4.7.16 La réservation / demande d'achat

Il s'agit de la prise en compte des réservations et demandes d'achat.

Cette fonctionnalité se fait à l'aide d'une configuration. Une réservation est générée lorsqu'un article est géré en stock. Une demande d'achat est générée pour un article qui n'est pas géré en stock.

Il existe une relation directe entre le type de poste choisi et le fait qu'une réservation ou demande d'achat soit générée après assignation d'un composant à une opération.

- ▶ Le type de poste L indique que l'article fait partie du stock interne et donc peut faire l'objet d'une réservation.
- ▶ Le type de poste N indique que l'article n'est pas dans notre stock interne et donc une demande d'achat est générée.

4.8 Les coûts de l'ordre de service

Lorsque vous implémentez le module CS pour votre entreprise, les données transactionnelles que vous pouvez créer sont l'avis de service et l'ordre de service.

Dans les cas où les deux éléments suivants sont requis, on doit créer un ordre de service :

▶ planification des ressources (humaines ou machines) ;

▶ enregistrement des coûts.

Plusieurs sous-onglets s'affichent sous l'onglet Coûts, comme vous pouvez le voir sur la Figure 4.37 :

▶ Synthèse ;

▶ Coûts ;

▶ Produits ;

▶ Quantités ;

▶ Ratios.

Détaillons chacun des sous-onglets ci-dessous en commençant par l'onglet Synthèse.

4.8.1 L'onglet Synthèse

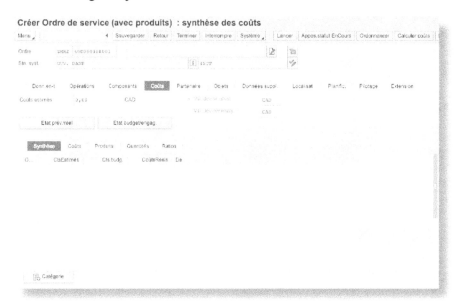

Figure 4.36 : Synthèse des coûts de l'ordre de service

Dans l'onglet Synthèse, illustré sur la Figure 4.36, les coûts, produits, quantités et ratios peuvent être créés.

4.8.2 L'onglet Coûts

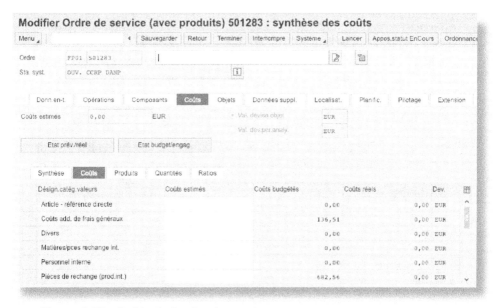

Figure 4.37 : Coûts de l'ordre de service

Comme vous pouvez le voir sur la Figure 4.37, différents types de coûts sont à prendre en compte.

Les Coûts budgétés sont dérivés des coûts planifiés au niveau des opérations de l'ordre de service.

Les Coûts estimés sont affichés à partir de la valeur entrée dans l'onglet Données d'en-tête.

Les Coûts réels sont engagés lorsque des confirmations sont enregistrées pour des opérations.

Exemple de confirmation

p.ex. Nous reviendrons sur les transactions de confirmation d'opérations dans la partie 4.15.

Donnons ici un exemple de ce qu'est une confirmation dans le contexte de Smart Fone : lorsqu'il a complété une opération d'un ordre de service, Michael Smart retourne dans SAP pour entrer dans une transaction confirmant que l'opération d'un ordre de service a été terminée. Il peut y préciser plusieurs choses par rapport à celle-ci, par exemple : le temps réel de travail ; l'employé impliqué dans l'opération ; les pièces détachées utilisées, etc.

Dans le sous-onglet Coûts, visible sur la Figure 4.38, les coûts s'affichent en fonction de la désignation de la catégorie de valeurs.

Désign.catég.valeurs	Coûts estimés	Coûts budgétés	Coûts réels	Dev.
Article - référence directe	0,00	0,00	0,00	EUR
Divers	0,00	0,00	0,00	EUR
Matières/pces rechange int.	0,00	0,00	0,00	EUR
Personnel interne	0,00	267,70	0,00	EUR
Pièces de rechange (prod.int.)	0,00	0,00	0,00	EUR
Services externes	0,00	0,00	0,00	EUR

Figure 4.38 : Sous-onglet Coûts

Une *catégorie de valeur* permet de regrouper les coûts engendrés à des fins d'analyse : coûts internes, externes, liés au matériel, aux services, etc.

Pour chaque catégorie de valeur, des coûts estimés, budgétés et réels sont affichés.

4.8.3 L'onglet Produits

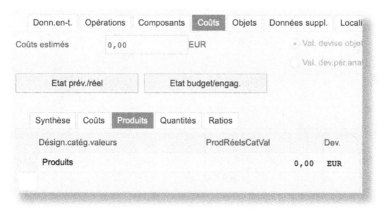

Figure 4.39 : Produits

L'onglet PRODUITS (voir Figure 4.39) désigne les revenus qui peuvent être engendrés sur l'exécution d'un ordre de service. Il est valable pour un type d'ordre pour lequel une facturation peut être faite.

La colonne DÉSIGN.CATÉG.VALEURS (désignation de la catégorie de va-leurs) provient de paramètres établis en configuration. La colonne PRO-DRÉELSCATVAL (produits réels en catégories de valeurs) indique le montant des revenus. La dernière colonne DEV. (devise) nous donne la devise des entrées d'argent.

4.8.4 L'onglet Quantités

Figure 4.40 : Quantités

Dans le sous-onglet QUANTITÉS, vous pouvez voir trois colonnes, comme sur la Figure 4.40 :

- ▶ DÉSIGN.CATÉG.VALEURS ;

- ▶ GAMME ;

- ▶ RÉEL.

La première colonne, comme pour les autres sous-onglets, provient des paramètres de la configuration.

La GAMME permet de mentionner les quantités d'heures planifiées d'exécution du travail par opération de l'ordre de service.

Le RÉEL nous donne les quantités réelles d'heures consommées par l'ordre de service.

4.8.5   L'onglet Ratios

Enfin, dans la dernière colonne, nous avons les RATIOS d'un ordre de service, comme vous pouvez le voir sur la Figure 4.41. Ceux-ci sont déterminés par la configuration effectuée pour le module SAP CS.

Ces ratios représentent un intervalle de natures comptables regroupées en catégorie de valeurs et permettent de différencier les coûts des produits.

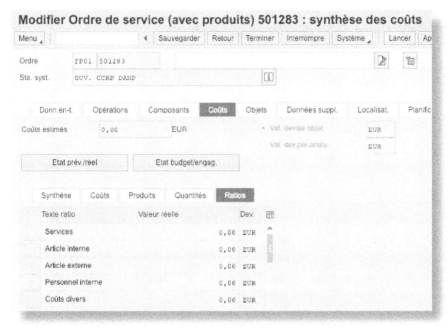

Figure 4.41 : Ratios

4.8.6 Gérer les catégories de valeurs

La catégorie de valeurs permet de classifier les types de coûts qui sont engagés dans la planification et l'exécution d'un ordre de service.

Les meilleures pratiques SAP recommandent de distinguer les frais sur le matériel des frais sur le personnel. Ensuite, il faut différencier les frais internes des frais externes. On peut voir cela sur la Figure 4.42.

GESTION DE LA MAINTENANCE ET DES SERVICES • OPTIONS DE BASE • PARAMÉTRAGE POUR LA REPRÉSENTATION DES COÛTS • GÉRER CATÉGORIES DE VALEURS.

Figure 4.42 : Catégories de valeurs

Il faut préciser la Composante applicative (autrement dit, le module) qui s'applique à la catégorie de valeurs.

Nous avons le choix entre *PS* et *PM*. Pour l'ordre de service, nous choisirons *PM*.

Composante	PM				
Périmètre ana.	1000				

Cat.val.	Texte	UQ	Coûts	Produits
	Non affecté		•	
1960	Versements d'acompte au débit			•
1963	Versements d'acompte au crédit		•	
273	Produit de l'intérêt		•	
400	Matières/pces rechange int.		•	
415	Article - référence directe		•	
417	Services externes		•	
466	Assurance		•	
483	Frais financiers		•	
615	Personnel interne	H	•	
619	Activités internes		•	

Figure 4.43 : Liste de catégories de valeurs

Comme vous pouvez le voir sur la Figure 4.43, la liste non exhaustive de catégories de valeurs nous renseigne sur le fait qu'une catégorie est liée aux coûts ou aux revenus (= Produits) de l'ordre de service.

Pour une entreprise utilisatrice de SAP CS, la nature comptable est liée aux coûts totaux réels et budgétés de l'ordre de service.

Ci-dessous, analysons la Figure 4.44 qui montre la version pré-budgétée des coûts.

À l'extrême gauche, le numéro de la Nature comptable est affiché. Les coûts budgétés (opérations planifiées) et les coûts réels (qui sont issus des opérations confirmées) sont repris des opérations de l'ordre de service (planifiées et confirmées).

Les écarts sont affichés en pourcentage et en chiffres absolus. L'écart est déterminé en faisant une soustraction entre coûts réels et coût budgétés.

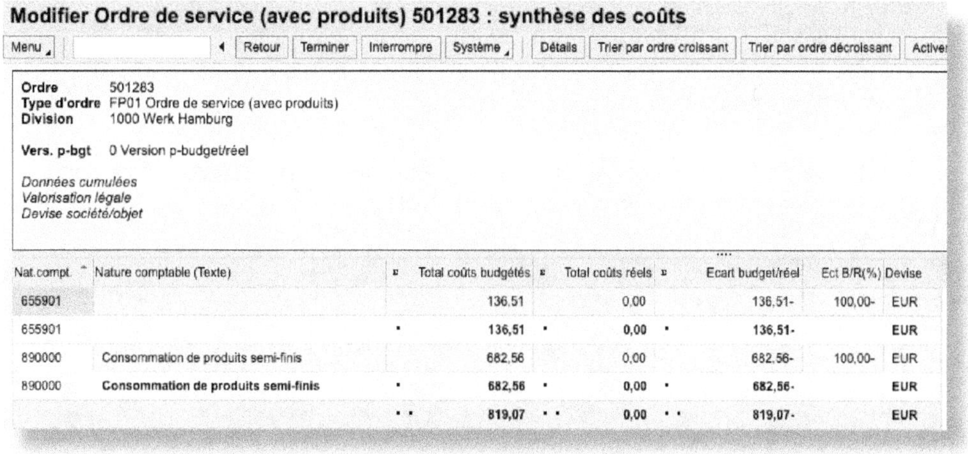
Modifier Ordre de service (avec produits) 501283 : synthèse des coûts

Menu | Retour | Terminer | Interrompre | Système | Détails | Trier par ordre croissant | Trier par ordre décroissant | Activer

Ordre 501283
Type d'ordre FP01 Ordre de service (avec produits)
Division 1000 Werk Hamburg

Vers. p-bgt 0 Version p-budget/réel

Données cumulées
Valorisation légale
Devise société/objet

Nat.compt.	Nature comptable (Texte)	Total coûts budgétés	Total coûts réels	Ecart budget/réel	Ect B/R(%)	Devise
655901		136,51	0,00	136,51-	100,00-	EUR
655901		**136,51**	**0,00**	**136,51-**		**EUR**
890000	Consommation de produits semi-finis	682,56	0,00	682,56-	100,00-	EUR
890000	**Consommation de produits semi-finis**	**682,56**	**0,00**	**682,56-**		**EUR**
		819,07	**0,00**	**819,07-**		**EUR**

Figure 4.44 : Version pré-budgétée des coûts

4.9 Les partenaires de l'ordre de service

Démarrons cette partie par une définition de ce qu'est un partenaire dans SAP : un *partenaire d'affaires* représente une personne, une organisation, un groupe de personnes ou plusieurs groupes d'entreprises qui ont un intérêt commercial avec l'entreprise utilisatrice de SAP.

Un partenaire d'affaires typique est, par exemple, un client ou un fournisseur.

Dans un ordre de service, l'onglet PARTENAIRE (voir Figure 4.45) contient non seulement des numéros de partenaires d'affaires, mais aussi leurs rôles. Le numéro du partenaire est en fait dérivé de sa fiche partenaire tandis que le rôle, lui, est propre à l'avis de service.

Partenaire d'affaires

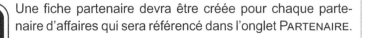

Une fiche partenaire devra être créée pour chaque partenaire d'affaires qui sera référencé dans l'onglet PARTENAIRE.

La fiche partenaire lui attribue un rôle de type client pour qu'il puisse par la suite être utilisé sur un ordre de service. Rappelez-vous : étant donné que nous sommes dans un contexte de prestation de service à la clientèle, tous les partenaires référencés dans l'ordre de service devraient être de type client.

Le rôle de partenaire sur un ordre de service décrit le lien entre le partenaire et l'exécution de cet ordre.

Il est possible de paramétrer entièrement les rôles partenaires en fonction des besoins de l'entreprise utilisatrice de SAP CS.

Afficher Ordre de service (avec contrat) 500400 : liste des partenaire

Figure 4.45 : Partenaires de l'ordre de service

4.10 Les objets de l'ordre de service

Figure 4.46 : Objets de l'ordre de service

Les objets techniques liés à l'ordre de service sont représentés dans l'onglet OBJETS, comme illustré sur la Figure 4.46.

Par *objet technique*, on désigne soit un équipement soit un poste technique.

Un numéro de fiche équipement est référencé dans la colonne ÉQUIPEMENT de l'onglet.

Différents éléments affichés dans cet onglet sont à expliquer :

▶ Le numéro de série (NUMÉRO DE …) : dans notre exemple, un téléphone intelligent est un article sérialisé qui constitue une fiche équipement. Le numéro de série représente donc l'identifiant d'un téléphone intelligent. Pour rappel, Catherine de Pizza rapide a cité les numéros de série SMART0012, SMART0014, SMART0016 et SMART0018 pour les téléphones à réparer.

▶ La fiche article (ARTICLE) : une fiche article générique représente un modèle de téléphone intelligent. À chaque fois que le modèle ou le prix d'un téléphone est différent, il faut créer un autre article.

111

▶ LA DÉSIGNATION ARTICLE : la description de l'article.

▶ Le numéro d'équipement (ÉQUIPEMENT) : ce champ contient le numéro SAP de la fiche équipement.

▶ LA DÉSIGNATION OBJET (c'est-à-dire de l'objet technique : équipement ou poste technique) : la description du téléphone intelligent.

▶ Le numéro de POSTE TECHNIQUE : le cas échéant, un équipement est posé sur un poste technique. Son numéro y est affiché.

▶ LA DÉSIGNATION DU POSTE TECHNIQUE : la description du poste technique.

▶ Le numéro d'avis de service (AVIS) : si l'ordre de service est créé à partir d'un avis de service, le numéro d'avis est également référencé. Il faut noter que plusieurs avis peuvent être liés à un seul ordre.

4.11 Les données supplémentaires de l'ordre de service

Figure 4.47 : Données supplémentaires de l'ordre de service

Les données supplémentaires d'un ordre de service renvoient à l'ordre de service du point de vue structure organisationnelle SAP pour le module de contrôle de gestion.

Les données affichées dans cet onglet et visibles sur la Figure 4.47 ci-dessus sont peu pertinentes pour ce tutoriel.

4.12 La localisation de l'ordre de service

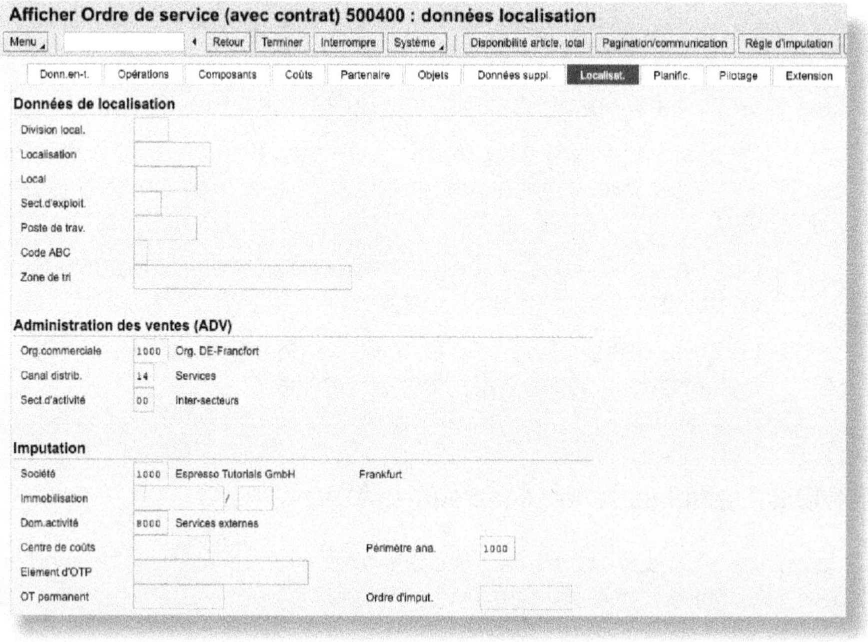

Figure 4.48 : Localisation de l'ordre de service

L'onglet LOCALISATION, illustré sur la Figure 4.48, est divisé en trois sous-onglets :

▶ DONNÉES DE LOCALISATION ;

▶ ADMINISTRATION DES VENTES ;

▶ IMPUTATION.

Analysons maintenant chacun des sous-onglets.

4.12.1 Les données de localisation

Ces données listées ci-après sont pertinentes pour les organisations qui opèrent sur différents sites ou sur un grand site qu'il faut subdiviser pour mieux localiser l'emplacement des objets techniques :

▶ La DIVISION LOCAL. : la division dans laquelle se trouve l'objet technique.

- ▶ La Localisation : représente un endroit spécifique au sein de la division.

- ▶ Le Local : le local dans lequel se trouve l'objet.

- ▶ Le secteur d'exploitation (Sect. d'exploit.) : cette donnée permet de désigner un responsable pour un endroit précis du site.

- ▶ Le poste de travail (Poste de trav.) : donnée qui représente une équipe de personnes ou une machine. Il sera expliqué dans la partie 7.

- ▶ Le Code ABC : le code qui permet de classifier un niveau de priorité de traitement pour un objet technique.

- ▶ La Zone de tri : le champ texte utilisé pour pouvoir trier des listes d'objets techniques ou d'ordres de service.

4.12.2 L'administration des ventes (ADV)

L'administration des ventes (ADV) est la traduction en français du module SAP SD : Sales and Distribution.

L'ADV permet de préciser, quand c'est pertinent, le domaine commercial auquel l'ordre de service appartient.

Le domaine commercial est constitué des trois éléments affichés sur la Figure 4.48 :

- ▶ l'Org. commerciale ;

- ▶ le Canal distrib. ;

- ▶ le Sect. d'activité.

Ces trois éléments sont expliqués au début de ce tutoriel dans la partie 1.3.10.

4.12.3 L'imputation

Le sous-onglet Imputation sert à spécifier le centre de coûts, le projet (via l'élément d'OTP) ou le domaine d'activité qui recevra les coûts engendrés par l'exécution de l'ordre de service.

4.13 La planification de l'ordre de service

Figure 4.49 : Planification de l'ordre de service

L'onglet Planific. de l'ordre de service (voir Figure 4.49) ne correspond pas à l'ordonnancement des dates d'exécution des opérations d'un ordre de service. Il permet plutôt de mettre en place un plan d'entretien.

Un *plan d'entretien* est un objet de données du module CS servant à créer des données transactionnelles (avis de service, ordre de service, feuille de saisie de services) de façon périodique ou à des moments prédéterminés.

Nous reviendrons sur la notion de plan d'entretien dans la partie 7.7.

Plan d'entretien et plan de service

Le terme « plan d'entretien » est hérité du module SAP PM. Néanmoins, les fonctionnalités de cet objet sont utilisées dans le module SAP CS.

Dans SAP CRM, le terme « plan de service » est utilisé et conviendrait peut-être mieux pour le module SAP CS.

Sur la Figure 4.49, différents éléments du plan d'entretien sont illustrés :

▶ Plan d'entret. : le numéro de plan d'entretien.

▶ N° appel : le numéro d'ordre de service lié au plan d'entretien.

▶ Poste d'entret. : un plan d'entretien peut concerner différents postes d'entretien. Nous verrons précisément ce que sont les postes dans la partie 7.7.

▶ Date de clôture : la date de la fin du plan d'entretien.

▶ Dernier ordre : dans la partie Appel précédent, le dernier ordre représente le dernier ordre de service géré dans ce plan d'entretien.

▶ Type de gamme : le type de gamme permet de différencier les gammes opératoires selon la fonction qu'elles remplissent dans une entreprise. « Qu'est-ce qu'une gamme ? » est sûrement la question que vous vous posez. Nous expliquerons cela également dans la partie 7.

▶ Grpe de gammes : un identifiant qui permet de regrouper des gammes différentes.

▶ Cptrgrp gam. (compteur de groupe de gammes) : une clé qui permet d'identifier une gamme à l'intérieur d'un groupe de gammes donné.

4.14 Le pilotage de l'ordre de service

Le pilotage de l'ordre renvoie à des données financières, de facturation et d'achat.

Passons en revue les différents sous-onglets présentés sur la Figure 4.50.

La partie Données de gestion contient des informations administratives sur l'ordre de service dans le système :

▶ Saisi par : le code utilisateur qui a créé l'ordre ;

▶ Date de saisie : la date à laquelle l'ordre a été créé ;

▶ MODIFIÉ PAR : le code utilisateur de celui qui a été le dernier à modifier l'ordre ;

▶ DATE DE MODIFICATION : la date de la dernière modification.

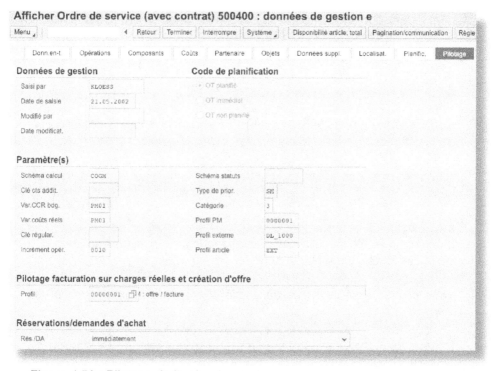

Figure 4.50 : Pilotage de l'ordre de service

On trouve également le sous-onglet CODE DE PLANIFICATION comprenant trois boutons radios (voir Figure 4.51) qui indiquent si l'ordre de service (appelé ici OT pour « ordre de travail ») est planifié via un plan de maintenance, immédiat et non planifié.

Figure 4.51 : Bouton radio

Sur la Figure 4.50, le sous-onglet PARAMÈTRES se lit en deux parties.

▶ Tout d'abord, les champs qui se trouvent à la gauche du sous-onglet sont liés à l'aspect SAP CO de l'ordre de service (de Schéma calcul à Incrément opér.).

▶ Sur le côté droit, de Schéma de statuts à Profil article, apparaissent des éléments liés à la configuration de SAP CS pour l'ordre de service.

4.15 La confirmation de l'ordre de service

Confirmer un ordre de service équivaut à enregistrer dans SAP l'utilisation de ressources humaines et matérielles pour exécuter cet ordre.

Pour revenir à notre exemple, Michael Smart, Miguel Lopez et les trois mécaniciens sont en train de réparer les téléphones.

Mais comment l'avancement de tout ce travail sera-t-il documenté ? En créant ce que l'on appelle des *confirmations*. Une confirmation se crée à partir des transactions IW41 et IW42.

Vous pouvez accéder à ces transactions en suivant l'arborescence suivante :

Logistique • Service clients • Gestion des services • Confirmation • Saisie.

Comme vous pouvez le voir sur la Figure 4.52, IW41 est la transaction de la confirmation individuelle.

Dans la transaction de confirmation individuelle, vous pouvez faire une confirmation directement pour tout l'ordre ou pour une seule opération spécifique.

Lorsqu'aucun numéro d'opération n'est saisi, l'écran de la Figure 4.52 nous permet de confirmer toutes les opérations de l'ordre.

Cependant, lorsque l'on entre un numéro d'opération, la Figure 4.53 nous amène à confirmer cette opération spécifique.

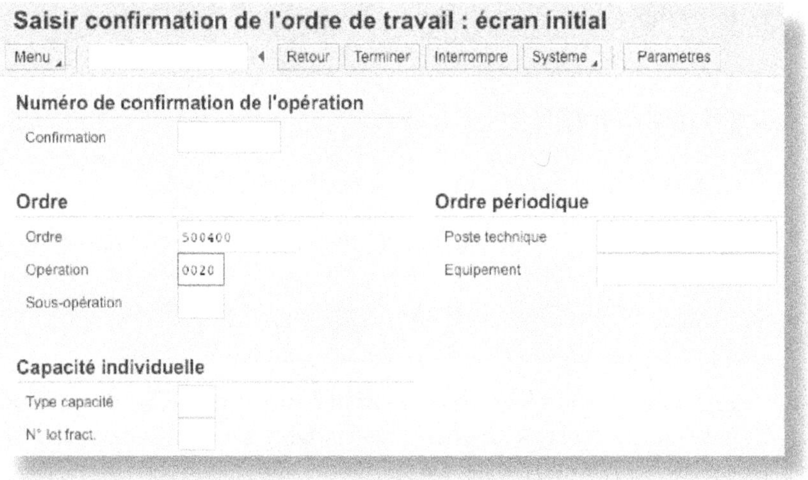

Saisir confirmation de l'ordre de travail : écran initial

| Menu ▾ | | ◄ | Retour | Terminer | Interrompre | Système ▾ | Parametres |

Numéro de confirmation de l'opération

Confirmation

Ordre

Ordre	500400
Opération	0020
Sous-opération	

Ordre périodique

| Poste technique | |
| Equipement | |

Capacité individuelle

Type capacité

N° lot fract.

Figure 4.52 : Confirmation individuelle, écran initial

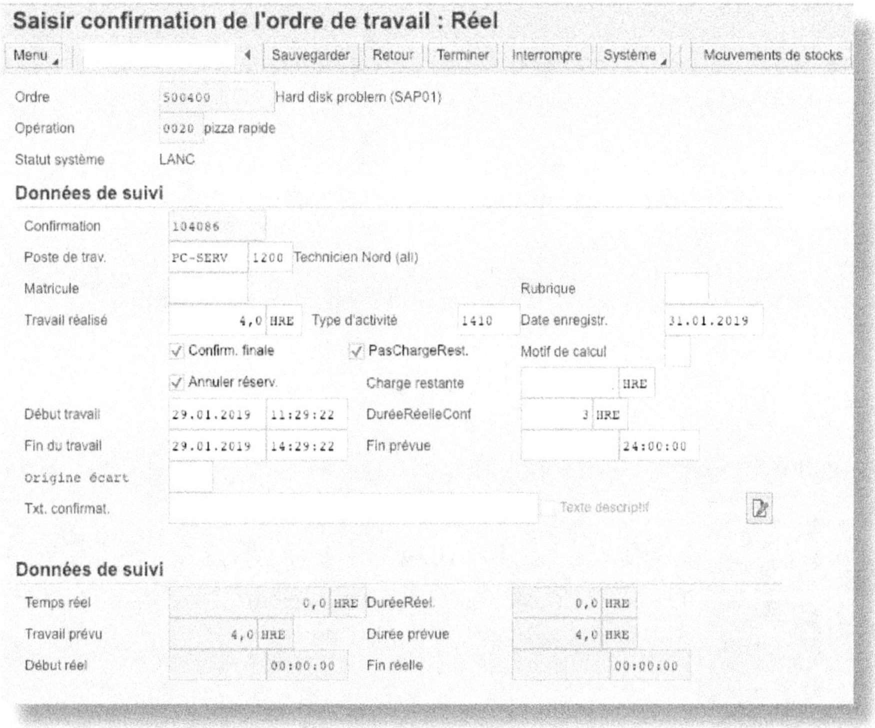

Saisir confirmation de l'ordre de travail : Réel

| Menu ▾ | | ◄ | Sauvegarder | Retour | Terminer | Interrompre | Système ▾ | Mouvements de stocks |

Ordre	500400	Hard disk problem (SAP01)
Opération	0020	pizza rapide
Statut système	LANC	

Données de suivi

Confirmation	104086
Poste de trav.	PC-SERV	1200	Technicien Nord (all)
Matricule				Rubrique
Travail réalisé	4,0	HRE	Type d'activité	1410	Date enregistr.	31.01.2019

☑ Confirm. finale   ☑ PasChargeRest.   Motif de calcul

☑ Annuler réserv.   Charge restante   HRE

| Début travail | 29.01.2019 | 11:29:22 | DuréeRéelleConf | 3 | HRE |
| Fin du travail | 29.01.2019 | 14:29:22 | Fin prévue | | 24:00:00 |

Origine écart

| Txt. confirmat. | | Texte descriptif |

Données de suivi

Temps réel		0,0	HRE	DuréeRéel.		0,0	HRE
Travail prévu	4,0	HRE	Durée prévue		4,0	HRE
Début réel		00:00:00	Fin réelle		00:00:00

Figure 4.53 : Confirmation individuelle, réel

119

Dans notre exemple, la confirmation sera faite pour l'opération 0020.

Le poste de travail confirme une durée réelle de confirmation de 3 heures au lieu des 4 heures planifiées.

Différentes cases sont cochées pour cette confirmation :

- ▶ CONFIRM. FINALE : cela signifie que plus aucune confirmation n'aura lieu sur cette opération.

- ▶ ANNULER RÉSERV. : si des réservations de stock étaient en cours pour exécuter l'opération, celle-ci sont annulées.

- ▶ PASCHARGEREST. : il ne reste plus aucune charge de travail à effectuer. Cette case est synchronisée avec la case CONFIRMATION FINALE.

Par ailleurs, il est aussi possible d'entrer des dates et heures de début et de fin de l'intervention.

Un texte de confirmation peut également être ajouté par l'utilisateur (TXT. CONFIRMAT.).

Lorsque l'utilisateur sauvegarde la confirmation, le système indique le nombre de confirmations enregistrées sur l'ordre, comme vous pouvez le voir sur la Figure 4.54.

Nous n'en avons qu'une car une seule opération a été confirmée.

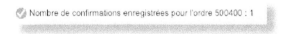
Nombre de confirmations enregistrées pour l'ordre 500400 : 1

Figure 4.54 : Message de succès

Pour clôturer un ordre de service

 Un ordre de service ne peut être clôturé que quand toutes ses opérations ont été confirmées.

120

4.16 La clôture de l'ordre de service

Comme illustré sur la Figure 4.55, la clôture d'un ordre de service est de deux natures : technique ou commerciale.

Figure 4.55 : Clôture technique de l'ordre de service

Après enregistrement de la clôture technique, le statut système de l'ordre devient TCLO.

La *clôture technique* nous indique que le travail de l'ordre de service est terminé et approuvé.

Il arrive que certaines imputations financières soient encore à faire après la clôture technique.

Une fois ceci réalisé, on procède à une clôture commerciale de l'ordre. La *clôture commerciale* signifie que l'ordre ne peut plus être modifié dans le système. Ce type de clôture est rarement effectué manuellement par un utilisateur, mais plutôt par un programme.

4.17 Fin du scénario 2 : Pizza Rapide et Smart Fone

Le scénario 2 se termine ici.

Un grand nombre d'informations ont dû être ingurgitées.

Cependant, vous êtes maintenant équipé et prêt à expliquer le contenu d'un ordre de service standard SAP à vos collègues, clients et partenaires d'affaires.

Récapitulons le scénario concernant Pizza rapide, le plus gros client de Smart Fone, et Michael Smart.

Pizza rapide contacte Smart Fone pour signaler le fait que cinq téléphones sont défectueux. Miguel, au service à la clientèle, reçoit l'appel de Pizza rapide et en informe directement Michael Smart.

Étant donné que Pizza rapide est un client prioritaire de Smart Fone, une intervention immédiate de techniciens dans les bureaux de Pizza rapide se met en place.

Concrètement, dans SAP, cela signifie que cinq avis de service urgents sont créés (un par téléphone). Ceux-ci génèrent directement un ordre de service.

Pour assurer une meilleure compréhension de ce que contient un ordre de service, nous avons passé en revue chaque onglet de la transaction à partir du sous-chapitre 4.2, sans nécessairement prendre en compte le contexte de Smart Fone.

Ceci vous permet de connaître la raison d'être des champs disponibles dans le système standard SAP CS, ainsi que les grandes étapes de l'exécution d'un ordre de service.

5 Scénario 3 : un service livré à un client sans garantie

Nous avons passé en revue les deux objets transactionnels principaux du module SAP CS : l'avis de service et l'ordre de service. En ce qui concerne l'ordre, nous avons vu le premier type SM01 au chapitre 4. SM02 et SM03, quant à eux, sont des types d'ordres de service qui se servent de documents de vente du module SD. Dans ce chapitre, nous allons ainsi parler de l'utilisation d'ordres de service pour lesquels le client bénéficiaire du service peut être facturé. Contrairement aux chapitres précédents, nous nous focaliserons sur la configuration nécessaire pour exécuter les scénarios au lieu de démontrer les transactions utilisées.

Quand Smart Fone vend des contrats de service, ceux-ci comprennent toujours une garantie lorsque le client est une société, mais ils peuvent ne pas en avoir une si le client est un particulier.

Lorsque le contrat n'est pas sous garantie et qu'un service demandant l'intervention d'un technicien est sollicité (ce qui veut dire que l'on doit ouvrir un ordre de service), cet ordre non seulement engage des coûts, mais aussi des revenus.

Ces revenus peuvent être estimés et envoyés au client avant que le service ne soit exécuté.

Ils peuvent aussi être facturés au client après exécution du service.

Nous allons maintenant nous pencher sur les deux variantes de ce scénario.

5.1 Les offres de service

Samuel Champagne est le fondateur et président d'une entreprise dénommée Transport Champagne. Il offre des services de transport pour une clientèle huppée dans des véhicules de luxe. Il se doit d'offrir une expérience de qualité supérieure à ses clients. Pour garantir cela, Samuel doit entre autres pouvoir contacter à tout moment ses dix chauffeurs.

Il faut également qu'il puisse les géolocaliser durant leurs heures de travail et, ainsi, optimiser leurs trajets.

Bien qu'il ait décidé d'acheter des téléphones intelligents Smart Fone pour ses employés en tant que client société, Samuel avait auparavant acheté un de leurs téléphones en tant que particulier.

Contrairement au scénario 2 concernant Pizza rapide dans lequel les téléphones des livreurs de pizza sont en panne, cette fois-ci, c'est le PDG de Transport Champagne lui-même qui a un problème !

Vous allez découvrir dans ce chapitre, sans passer en revue le contenu complet d'un ordre de service comme dans le scénario 2, les différences qui surviennent lorsque l'on bénéficie d'un ordre de service, mais que l'on doit en payer les frais d'exécution étant donné qu'aucune garantie n'existe sur l'objet du service.

SAP CS et SAP SD

 Ce scénario, pour être réalisé, requiert d'avoir des compétences CS et SD. Il existe deux cas de figure : soit un consultant SAP CS a aussi des connaissances suffisantes dans le module SAP SD pour configurer tout le scénario par lui-même ; soit, cela exige la collaboration d'un consultant expert SAP SD pour compléter la configuration requise.

5.1.1 L'offre de service

Une *offre de service* est un type de document de vente configuré dans le module SD.

Dans ce module en question, il importe aussi de définir une catégorie de poste pour dicter le comportement du système vis-à-vis des objets subséquents à l'offre de service.

Cette catégorie de poste est ensuite assignée au type de document de vente de l'offre de service.

Nous pouvons réaliser ces trois étapes en suivant les écrans ci-dessous, illustrés sur les Figure 5.1, Figure 5.2 et Figure 5.3.

Ces trois figures nous permettent de voir dans le menu de configuration du module SD les paramètres du document de vente requis pour pouvoir générer une offre de service à partir d'un ordre de service.

Sur la Figure 5.1, vous pouvez déterminer sous quel type de document de vente l'offre de service sera déclenchée. Il faut suivre le chemin de menu suivant pour configurer le type de document de vente désiré :

ADMINISTRATION DES VENTES • VENTE • DOCUMENTS DE VENTE • EN-TÊTE DU DOCUMENT DE VENTE • DÉFINIR LES TYPES DE DOCUMENT DE VENTE.

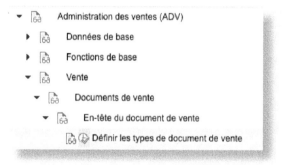

Figure 5.1 : Définir les types de document de vente

Sur la Figure 5.2, à l'intérieur du type de document, le ou les articles qui compose(nt) le document de vente s'appelle(nt) POSTE DE DOCUMENT DE VENTE. Tous les postes ont un type qui leur est assigné. Il est important de bien définir le type de poste. Celui-ci nous renseigne par exemple sur les documents subséquents à créer dans SAP (une livraison d'articles physique, une facture, etc.) lorsque l'on utilise ce type de poste. Il faut suivre le chemin de menu suivant pour configurer le type de poste désiré :

ADMINISTRATION DES VENTES • VENTE • DOCUMENTS DE VENTE • POSTE DE DOCUMENT DE VENTE • DÉFINIR LES TYPES DE POSTE.

Figure 5.2 : Définir les types de poste de document de vente

Après la définition du type de poste, l'assignation de celui-ci au(x) bon(s) type(s) de document(s) de vente s'exécute sous cet élément de configuration. Au lieu de le faire dans chaque document de vente, c'est dans le chemin de menu de configuration du module SD qu'on prédétermine le type de poste qui s'appliquera au type de document de vente :

ADMINISTRATION DES VENTES • VENTE • DOCUMENTS DE VENTE • POSTE DE DOCUMENT DE VENTE • AFFECTER LES TYPES DE POSTE.

Figure 5.3 : Affecter les types de poste de document de vente

Ces trois étapes nous permettent d'avoir la configuration de base des documents SD avant de spécifier la façon dont l'offre et la facturation seront préparées.

Création et copie en configuration

Dans la majorité des cas, lorsque l'on configure un objet complexe dans SAP comme un document de vente ou ses postes, on copie le type de poste ou le type de document existant qui correspond le mieux au scénario d'affaires qu'on veut exécuter.

5.1.2 La mise en place de l'offre

Le cœur du processus se configure sous ce menu.

Pour pouvoir facturer et/ou faire une offre de service sur la base des coûts réels engagés dans l'exécution d'un ordre de service, il faut configurer un profil de processeurs de postes dynamiques (PPD) dans le module SD. Un *profil PPD* est un mécanisme de détermination des prix d'un service rendu à prix variable.

La notion de poste dynamique indique la variabilité du prix. Le profil indique le mode de calcul des quantités de variables qui déterminent ce prix.

Pour configurer le profil PPD, il faut suivre l'arborescence suivante, également illustrée sur la Figure 5.4 :

ADMINISTRATION DES VENTES • VENTE • DOCUMENTS DE VENTE • SERVICE CLIENTS • OFFRE DE SERVICE/FACTURATION SUR CHARGES RÉELLES • PROFILS POUR FACTURATION SUR CHARGES RÉELLES/CRÉATION D'OFFRE.

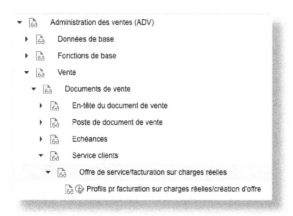

Figure 5.4 : Profils pour facturation sur charges réelles/création d'offre

Ces profils PPD doivent être liés à un poste de document de vente ou à un ordre de service.

DIP profile

 Vous allez souvent entendre parler de « DIP profile » lorsque vous travaillez sur un projet d'implantation. En anglais, le PPD se dit « DIP » (« Dynamic Item Processor profile ») et est plus communément utilisé comme sigle dans le secteur.

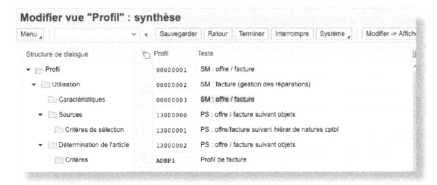

Figure 5.5 : Synthèse des profils PPD

Sur la Figure 5.5, plusieurs profils sont proposés par SAP pour les modules CS et PS. Les profils standards dont la description commence par SM sont ceux qui sont liés au module SAP CS.

Nous allons sélectionner le premier profil et en regarder les attributs pour comprendre la configuration d'un profil.

Figure 5.6 : Profil pour création d'offres

128

Lorsque l'on sélectionne le premier profil, on remarque sur la Figure 5.6 qu'il est possible de le configurer pour deux utilisations différentes :

▶ Facturation et calcul du résultat ;

▶ Création d'offres et calcul du prix de vente.

Dans les images suivantes (Figure 5.7, Figure 5.8, Figure 5.9, Figure 5.10 et Figure 5.11), vous allez voir ce qui est configuré après que la seconde utilisation a été choisie.

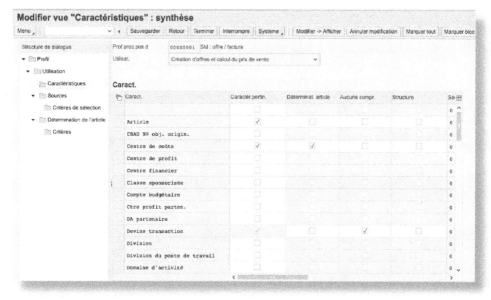

Figure 5.7 : Caractéristiques

Un grand nombre de caractéristiques peuvent être énumérées sous une certaine utilisation. Elles sont déterminées selon plusieurs critères.

La liste des caractéristiques possibles se trouve dans la colonne de gauche. On peut y voir des éléments divers, comme par exemple :

▶ l'Article ;

▶ le Centre de profit ;

▶ la Division.

Pour chacune de ces caractéristiques, il faut, premièrement, définir si elle est pertinente dans l'utilisation du profil PPD. Lorsque c'est le cas, le système lira cette caractéristique au niveau du poste du document de vente ou dans l'ordre de service pour déterminer son poste dynamique.

Par la suite, différents éléments sont spécifiés :

▶ CARACTÉRISTIQUE PERTINENTE : mentionne si l'on prend en compte la caractéristique ou pas pour déterminer le poste dynamique.

▶ DÉTERMINATION D'ARTICLE : si la case est cochée, la caractéristique est pertinente pour déterminer la fiche article qui sera prise en compte pour le PPD.

▶ AUCUNE COMPRESSION : si la case est cochée, cela veut dire que le système crée des postes différents sur l'offre de service pour chaque article déterminé, et ce même si les articles sont identiques. Si la case n'est pas cochée, le système combine dans le même poste de l'offre de service les caractéristiques pour lesquelles la même fiche article est déterminée.

▶ STRUCTURE : si la case est cochée, la structure du poste peut être déterminée via d'autres informations comme les sets.

▶ SÉQUENCE : détermine la séquence d'affichage des postes dynamiques.

▶ NOM DE SET : un *set* est une structure flexible qui permet de hiérarchiser les différentes informations liées à un poste dynamique. Les colonnes qui suivent sont liées au nom du set et permettent de spécifier si l'on veut un intervalle ou des valeurs individuelles spécifiques. Nous verrons les sets dans la partie 5.1.3.

Figure 5.8 : Sources du profil de création d'offres de service

Dans le paramétrage affiché sur la Figure 5.8, on spécifie les sources d'information qui serviront à créer les postes dynamiques.

Les sources *postes du document de vente* et *ordre de service* sont lues par défaut. Elles n'ont donc pas besoin d'être spécifiées dans la configuration.

Pour déterminer ces sources, nous aurons besoin de caractéristiques. Celles-ci sont déterminées dans le point de paramétrage ci-dessous, illustré sur la Figure 5.9.

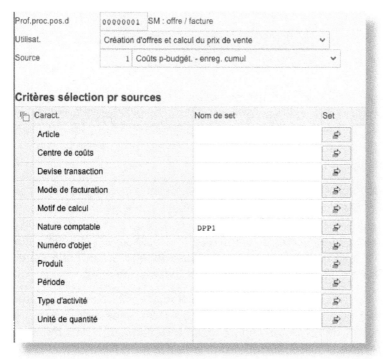

Figure 5.9 : Critères de sélection pour les sources

Les critères de sélection sont eux aussi des caractéristiques et peuvent également être liés à des sets.

Après avoir sélectionné ces éléments de configuration, il faut déterminer l'élément sur lequel les prix sont calculés : la fiche article.

Pour cela, un paramétrage de détermination de la fiche article doit être fait.

Figure 5.10 : Synthèse de la détermination d'article

Pour la détermination de l'article (voir Figure 5.10), on entre le numéro de la fiche article qui sert de base au prix de vente dans la colonne Article/activité. Puis, dans la colonne Reprendre qté/coûts nous avons le choix principalement entre deux façons de reprendre les coûts et/ou la quantité de l'ordre de service :

▶ Reprendre seulement les coûts : lorsque cette option est choisie, dans l'ordre de service, la quantité d'articles à facturer sera toujours 1 et les coûts de l'ordre de service sont calculés. Cela suppose que le prix de l'offre de service est souvent supérieur aux coûts qui ont été engagés à un niveau tel que Smart Fone est en mesure d'offrir un prix standard pour tout service offert.

▶ Reprendre coûts et quantités : lorsque cette option est choisie, dans l'ordre de service, la quantité d'articles à facturer varie selon les coûts de l'ordre de service qui ont été engagés. Cette méthode est souvent utilisée lorsque l'on veut s'assurer que le prix offert garantit une rentabilité pour Smart Fone.

Lorsque l'on sélectionne un article, on obtient les critères de sélection que vous pouvez voir sur la Figure 5.11. On remarque ici que pour l'article fictif SM-REPHOUR, on dispose de trois critères de sélection :

▶ le Centre de coûts ;

▶ la Nature comptable ;

▶ le Type d'activité.

Figure 5.11 : Critères de détermination de l'article

5.1.3   Les sets

Dans la partie précédente (5.1.2), nous avons évoqué à plusieurs reprises les sets.

Lorsque l'on mentionne nos caractéristiques et critères de sélection, on parle souvent des objets de données SAP ou des éléments de la structure organisationnelle SAP.

Pour chacun de ces critères, est-on obligé de sonder toute la base de données de SAP pour déterminer l'article qui sera offert ? La réponse est non.

En bref, lorsque l'on cherche tout objet SAP (une fiche article, un centre de coûts ou un type d'activité), on peut définir un intervalle de valeurs définies ou des valeurs individuelles précises que le système devra rechercher dans l'ordre de service ou dans le poste du document de vente.

Pour définir cet intervalle ou ces valeurs individuelles, nous utilisons un set.

Le code de transaction GS01 permet de créer un set, comme indiqué sur la Figure 5.12.

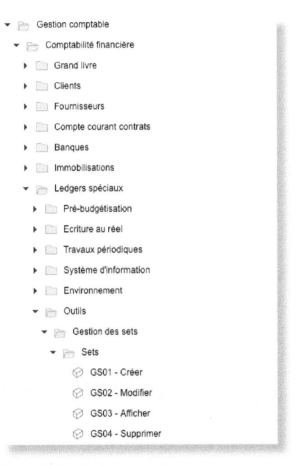

Figure 5.12 : Gestion des sets

Les transactions de gestion des sets, dans le menu SAP, ne se trouvent ni sous le menu du module SAP CS ni SAP SD. On les retrouve sous les modules PS et FI-CO qui sont respectivement liés à la gestion de projets et les comptabilités financière et analytique.

Sur la Figure 5.12 ci-dessus, vous pouvez voir le chemin d'accès aux transactions de gestion de sets via le module de comptabilité financière.

Affichons un set qui ne concerne pas Smart Fone pour en donner une illustration : voyez la Figure 5.13.

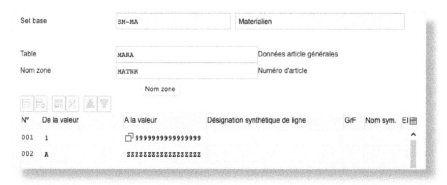

Figure 5.13 : Set pour une fiche article

Le set pour une fiche article utilisé dans un profil PPD est créé avec au minimum les éléments suivants :

▶ Un nom de set (SET BASE) : souvent créé avec un tiret pour désigner le sujet et l'objet de donnée SAP impacté.

▶ La TABLE et le NOM ZONE : pour les fiches articles, on prend le champ du numéro d'article qui est dans la table de la fiche article : MARA-MATNR. C'est donc celui qui est indiqué.

▶ Un intervalle ou des valeurs individuelles : dans ce cas-ci, deux intervalles sont valables pour le set.

Maintenant, nous savons ce que Smart Fone doit configurer pour gérer les offres et les factures des clients qui n'ont pas de garantie, comme Samuel Champagne.

5.2 Le mode de facturation, les gammes et le produit de service

Pour exécuter le service à offrir à Samuel Champagne, un ordre de service est créé.

Plutôt que de repasser en revue tous les éléments de l'ordre de service, nous allons nous concentrer sur trois éléments importants que nous n'avons pas vus dans les scénarios précédents :

▶ le mode de facturation ;

▶ les gammes d'instruction ;

▶ le produit de service.

5.2.1   Le mode de facturation

Si vous êtes consultant SAP, vous savez certainement que de nombreux projets d'implantation sont facturés de deux façons :

▶ par forfait ;

▶ par charges encourues.

Il existe bien évidemment des projets pour lesquels la facturation s'appuie sur une combinaison des deux procédés.

En ce qui concerne Smart Fone, la décision du choix de facturation s'avère stratégique dans sa relation client, tout particulièrement pour les clients société.

Une facturation sur charges encourues s'applique toujours pour les clients particuliers tandis que pour les clients société, un choix peut être fait entre les deux procédés.

Vous pouvez voir le mode de facturation choisi dans le sous-onglet SER-VICE, illustré sur la Figure 5.14.

Figure 5.14 : Mode de facturation

Lorsque l'on double-clique sur le champ MODEFACTURATION, on obtient la Figure 5.15 ci-dessous.

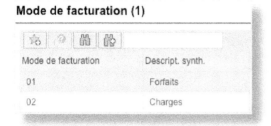

Figure 5.15 : Mode de facturation - détails

Le mode de facturation FORFAITS donne un montant fixe prédéterminé pour les services de Smart Fone.

Le mode de facturation CHARGES signifie qu'au plus Smart Fone met de temps à fournir son service, au plus la facturation à son client sera élevée.

Pour l'entreprise qui fournit le service, il peut être tentant de faire durer la prestation pour gonfler la facture. Néanmoins, cela ne se passe pas ainsi chez Smart Fone !

Des lignes directrices sont prédéfinies pour chaque produit de service afin de garantir l'intégrité et un certain niveau de performance lors de la prestation de services.

Ceci est garanti par deux objets :

▶ les gammes de maintenance ;

▶ les produits de service (OISD).

Étudions en détail ces deux objets.

5.2.2   Les gammes de maintenance (ou instructions)

La *gamme de maintenance*, un objet de donnée, contient les informations nécessaires à l'exécution d'opérations répétitives.

Par exemple, l'entretien périodique d'un téléphone standard requiert de toujours exécuter la même séquence d'activités.

Ces activités prennent un certain temps, certaines compétences ainsi qu'une équipe ou une machine (c'est-à-dire un poste de travail) pour être exécutées.

Au lieu de saisir de nouveau toutes les informations requises à chaque fois que l'on crée un ordre pour des scénarios identiques, il est possible de créer une gamme et d'y faire référence à chaque fois que la situation survient.

Ci-dessous, la Figure 5.16 nous montre un exemple de gamme. Analysons son contenu.

Figure 5.16 : En-tête de gamme, vue générale

138

- ▶ GROUPE DE GAMMES : le numéro donné au groupe de gammes. La numérotation des groupes peut être interne ou externe.

- ▶ CPTEUR GRPE GAMMES (compteur de groupe de gammes) : pour un même groupe de gammes, nous pouvons avoir des « variantes » sur la façon dont les opérations de la gamme sont exécutées. Dans le scénario concernant Pizza rapide, nous avons pu voir que de nombreuses informations peuvent être gérées sur les opérations d'un ordre de service. Grâce au compteur de groupe de gammes, nous pouvons avoir différentes variantes d'un même groupe de gammes dans le système. Cela permet de limiter le nombre de groupes à créer.

- ▶ DIVISION DE PLANIF. (la division de planification) : il s'agit d'un élément de la structure organisationnelle SAP. Dans le cas de Smart Fone, cela signifie que l'on peut avoir un groupe de gammes propre à son centre de distribution ou à son point de vente.

- ▶ POSTE DE TRAVAIL (et division) : comme vu dans le cadre du scénario de Pizza rapide, en en-tête de l'ordre de service, nous avons le poste de travail responsable. Il est également indiqué en en-tête du groupe de gammes.

- ▶ UTILISATION : l'utilisation d'une gamme représente les différents modules pour lesquels la gamme peut être référencée. Sur la Figure 5.17, on voit la liste des utilisations possibles pour une gamme.

L'utilisation 3 – UNIVERSEL est souvent assignée car elle permet à la gamme d'être utilisée dans tout type d'ordres : ordre de maintenance, service, fabrication, etc. L'utilisation 4 – MAINTENANCE désigne les modules SAP PM et CS.

Nous ne nous étendrons pas sur l'explication des autres utilisations qui ne sont pas pertinentes pour ce tutoriel.

Figure 5.17 : Utilisation de la gamme

▶ GROUPE GESTIONNAIRE : cet élément de la structure organisation-nelle est visible sur la Figure 4.13.

▶ STATUT DE LA GAMME : la gamme peut avoir différents statuts, comme vous pouvez le voir sur la Figure 5.18.

Lorsque la gamme indique 4 – OK POUR TOUTES FONCTIONS, nous savons que toute opération peut être exécutée pour la gamme. Autrement, si elle affiche 1 – EN COURS DE CRÉATION, on ne peut l'utiliser nulle part. Si elle est sur 2 – VALIDÉ POUR ORDRE, elle peut être utilisée dans un ordre, mais sans application des coûts, tandis que si le statut est sur 3 – OK POUR CALCUL DES COÛTS, on ne peut l'utiliser que pour le calcul de coûts sur l'objet correspondant.

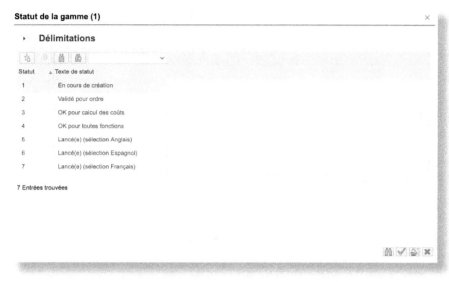

Figure 5.18 : Statut de la gamme

▶ ÉTAT IMMO. (état d'immobilisation) : avertit si l'équipement est en panne complète, partielle ou s'il y a un simple bris à réparer.

▶ STRATÉGIE D'ENTRET. (stratégie d'entretien) : cette fonctionnalité est utilisée en maintenance planifiée et est expliquée dans la partie 7.7.

▶ SOUS-ENSEMBLE : la définition du sous-ensemble a été donnée dans le scénario de Pizza rapide dans la partie 4.2.5.

Les données de gestion de la gamme permettent de lire sa période de validité. Il est possible d'entrer un numéro de fiche de modification si la fonction de gestion des modifications a été activée pour les gammes.

Afficher instruction : opération, traitement interne

| Menu ▾ | | ▾ | ◂ | Retour | Terminer | Interrompre | Système ▾ | | Première opération | Opéra |

GrpeGammes 66   Contrôle technique   CptrGrpGam 2

Opération/ sous-opér.	`0010` /
Clé de référence	
Désign. opération	Contrôle technique
Poste de trav./div.	`FR-MECA` / `2200` Maintenance mécanique
Clé de pilotage	`PM01` Maintenance - interne
Sous-ensemble	
Etat immo.	
Facteur d'exécut.	`1` Qté d'opér. fixe

Valeurs standard

Travail	`4,0` HRE	Type d'activité	`FR-MO`
Nombre	0	Pourcentage	0
Durée normale	`0,0`	Clé de calcul	
		Répart. fabr. int.	

Rémunération

Nbre bons de travail	0
Catégorie salariale	
Rubrique	
Adéquation	

Figure 5.19 : Opération d'une gamme

L'opération de la gamme est illustrée sur la Figure 5.19. La partie 4.6 explique ce qu'est une opération.

Analysons maintenant le champ Facteur d'exécut..

Le *facteur d'exécution* permet de définir la fréquence d'exécution d'une opération ou d'une sous-opération dans le cadre de la réalisation des ordres.

Cette fréquence se rapporte à la durée, la charge de travail et la quantité de composants requise pour effectuer l'opération.

Exemple d'opération dans une gamme

Durée = 2 h

Travail = 4 h

Quantité de composants = 1

Facteur d'exécution = 3

Lorsque cette gamme est assignée à un ordre, les chiffres pour l'opération en question seront les suivants :

Opération assignée pour la gamme

Durée = 6 h

Travail = 12 h

Quantité de composants = 3

Le facteur d'exécution a donc un effet multiplicateur sur l'opération.

5.2.3   Le produit de service (OISD)

Une autre différence notable dans l'ordre de service est la présence de l'objet Produit de service.

Un ordre de service peut être planifié et exécuté avec ou sans produits de service. Des exemples de ceux-ci sont illustrés sur la Figure 5.20.

Néanmoins, dans le cas d'un ordre de service sans garantie, notre ordre est facturable et, ainsi, il faut pouvoir identifier le service qui est vendu au client.

Pour cela, la meilleure pratique consiste à créer un article de type service. Un *article de type service* est un article intangible qui représente une prestation de service.

Créer / traiter produits de service

| Menu ◄ | | ◄ | Sauvegarder | Retour | Terminer | Interrompre | Système ◄ | | Modifier -> Afficher | Nouvelles e |

DiPl	Produit serv.	Pos. tr.	Div.	DomA	InstMain	CC	T	Tréf	ObjR	Equipement type	
1200	R-1001	PC-SERV	1200	8000	62	1	A				
1200	R-1140	PC-SERV	1200	8000							
1200	SM-NETINST	PC-SERV	1200	8000	NETINST	1	A	01	01		

Figure 5.20 : Produits de service

De nombreuses données-maîtres sont associées pour arriver à déterminer un produit de service :

▶ la division de planification ;

▶ le produit de service ;

▶ le poste de travail ;

▶ la division du poste de travail ;

▶ le domaine d'activité ;

▶ la gamme d'instruction ;

▶ le compteur du groupe de gammes ;

▶ le type de gammes ;

▶ le type de référence ;

▶ l'objet de référence.

Le produit de service est donc une fiche article. Cette fiche article est assignée à une ou plusieurs divisions logistiques. En conséquence, lorsque leur division logistique est bien assignée à la division de planification, il est possible d'entrer les deux éléments suivants : le poste de travail et la division du poste de travail.

6 L'ordre de service avec commande de réparation

Dans le module CS, il existe trois types d'ordres de service fournis par SAP :

► SM01 - Ordre de service avec contrat ;

► SM02 - Ordre de service avec revenus ;

► SM03 - Ordre de service avec réparation.

Tous les scénarios que nous avons vus dans ce manuel traitent de réparations exécutées par des techniciens. La particularité du type d'ordre SM03 est qu'une commande de vente de réparation est associée à l'ordre de service. Tout comme dans le scénario avec Samuel Champagne, des compétences SD sont requises pour pouvoir le paramétrer. Dans ce cas-ci, nous ne nous appuierons pas sur un scénario Smart Fone, mais verrons plutôt un aperçu du flux de documents requis dans cette situation.

Tout d'abord, le processus de réparation démarre par une requête du client qui demande une réparation.

Dans le système, il faut distinguer trois déclencheurs :

► la commande de vente de réparation ;

► l'avis de service ;

► l'avis QM (du module SAP de gestion de la qualité QM).

Étant donné que ce tutoriel présente une introduction au module SAP CS, nous allons nous focaliser sur le processus de réparation démarrant par un avis de service.

Dans l'avis de service SM03, l'entreprise utilisatrice de SAP enregistre la requête du client.

Ensuite, elle utilise la BARRE D'ACTIVITÉS à la droite de la Figure 6.1 pour créer un ordre de réparation.

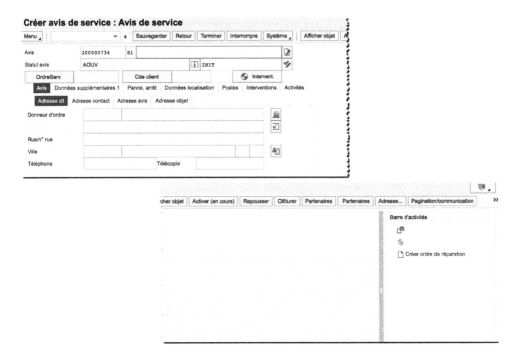

Figure 6.1 : Barre d'activités "Créer ordre de réparation"

Il faut dès lors choisir le type de document de vente à créer pour la réparation.

Après avoir double-cliqué sur le bouton CRÉER ORDRE DE RÉPARATION, une fenêtre apparaît contenant différents paramètres à sélectionner pour créer l'ordre. Celle-ci est représentée sur la Figure 6.2.

Nous avons le choix entre les types OR ou SR pour la réparation (voir également Figure 6.3).

Cette décision dépend du moment à partir duquel on veut déterminer le type de réparation requis pour le client :

▶ OR : ce type de document de vente sert lorsque l'on veut déterminer le type de réparation après un contrôle technique.

▶ SR : celui-ci est utile quand on veut déterminer le type de réparation à effectuer dès la création de l'avis de service.

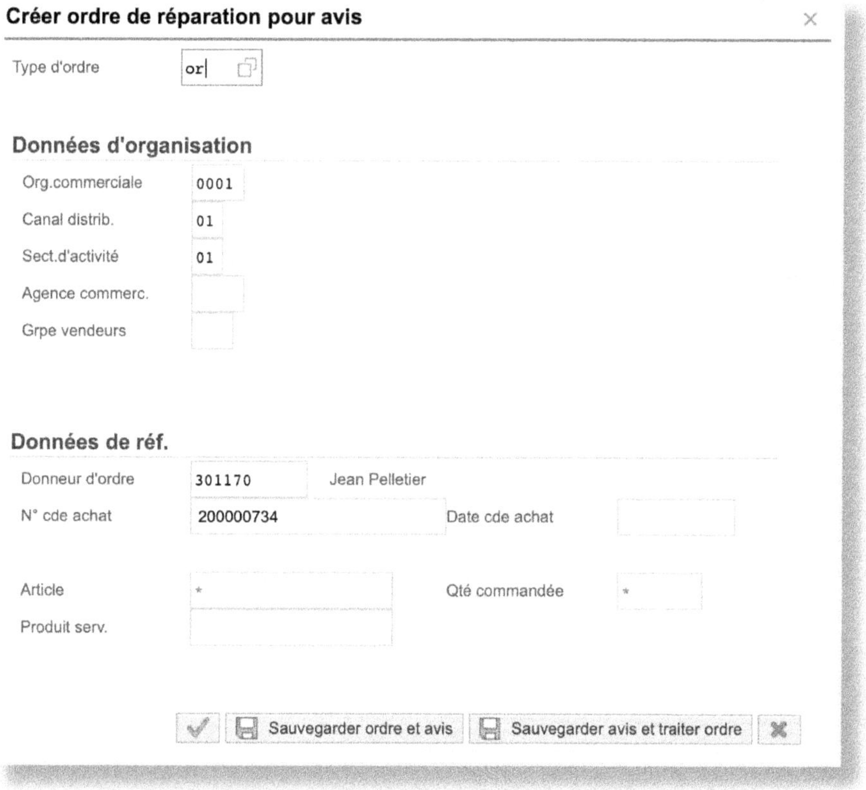

Créer ordre de réparation pour avis ✕

| Type d'ordre | or| ⊡ |

Données d'organisation

Org.commerciale	0001
Canal distrib.	01
Sect.d'activité	01
Agence commerc.	
Grpe vendeurs	

Données de réf.

| Donneur d'ordre | 301170 | Jean Pelletier |
| N° cde achat | 200000734 | Date cde achat |

| Article | * | Qté commandée | * |
| Produit serv. | | |

| ✓ | 💾 Sauvegarder ordre et avis | 💾 Sauvegarder avis et traiter ordre | ✖ |

Figure 6.2 : Créer ordre de réparation pour avis

Type document vente (1)

▸ **Délimitations**

🔍 🔍 ⌄

TDVt	Désignation
OR	Ordre de réparation
SR	Service réparation

Figure 6.3 : Types de documents de vente de réparation

Une autre distinction importante est à faire entre OR et SR : OR peut être créé sans produit de service tandis que, pour SR, il faut avoir un produit de service.

C'est la raison pour laquelle, dans la Figure 6.2, nous voyons sous la partie DONNÉES DE RÉF. les champs ARTICLE et PRODUIT SERVICE.

Nous pouvons aussi voir sur la même figure les éléments de structure organisationnelle du module SD, expliqués dans la partie 1.3.10.

Sous le sous-onglet DONNÉES DE RÉF., on lit les donneurs d'ordre et la commande d'achat qui sont dérivés de l'avis de service.

SAP propose le numéro d'avis de service comme étant le numéro de commande d'achat référencé dans le document de vente.

Il est aussi possible, à la sauvegarde, de traiter directement l'ordre de réparation en cliquant sur le bouton ci-dessous, visible sur la Figure 6.4.

Figure 6.4 : Sauvegarde de l'avis et traitement de l'ordre

Lorsque la commande de vente est créée, une livraison retour est générée étant donné que l'article à réparer est envoyé par le client à l'entreprise qui exécute le service. La livraison représente donc, dans notre exemple, un retour client à Smart Fone.

Ce retour de marchandises est ensuite enregistré dans un document article qui reprend le mouvement d'articles 101.

Un *document article* est un objet SAP qui enregistre un mouvement d'articles au sein de l'inventaire de l'entreprise utilisatrice de SAP.

La suite des opérations dépend de ce qu'on appelle le *schéma de réparation*. Le schéma de réparation permet de dicter au système si certaines opérations doivent être exécutées :

- ▶ automatiquement dans le processus de réparation ;
- ▶ automatiquement via un code de réparation ;
- ▶ manuellement.

Le schéma met en commun deux éléments du processus :

- ▶ un moment : une étape du processus de réparation ;
- ▶ une opération : tâche à exécuter pour la réparation.

Ce schéma est configuré dans le module SD sous l'arborescence suivante ainsi qu'il est visible sur la Figure 6.5 :

ADMINISTRATION DES VENTES • VENTE • DOCUMENTS DE VENTE • SERVICE CLIENTS • GESTION DES RETOURS ET RÉPARATIONS • DÉFINIR LE SCHÉMA DE RÉPARATION.

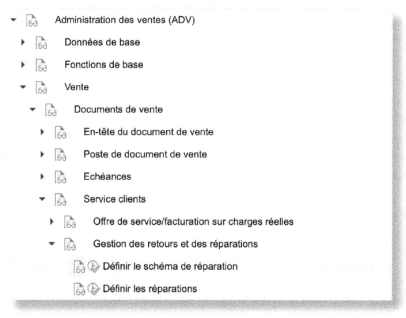

Figure 6.5 : Définir le schéma de réparation

Sur la Figure 6.6, vous verrez l'écran de configuration des schémas de réparation :

Figure 6.6 : Schémas de réparation

Deux schémas sont affichés. Lorsque je choisis le premier (SCHÉMA RÉ-PARATION APPAREILS DE PRÊT), je peux y configurer les MOMENTS/OPÉRATI-ONS qui correspondent à notre scénario, comme vous pouvez le voir sur la Figure 6.7.

Modifier vue "Moments/opérations" : synthèse

Menu		Sauvegarder	Retour	Terminer	Interrompre	Système	Modifier -> Afficher	Nouvelles entrées	C

Structure de dialogue   Schéma réparat.   0001

▾ Schémas   **Moments / Opérations**

    Moments/opérations

Date/hrs	Désignation	Opérat.	Désignation	Conf.	Manuel.	Défaut	
101	Prise en charge de la rép...	101	Retours			✓	
101	Prise en charge de la rép...	104	Ordre réappro. appareil d...				
102	Début de la réparation	102	Réparation	01		✓	
102	Début de la réparation	103	Livraison	02	✓		
102	Début de la réparation	107	Mise au rebut	03	✓		
102	Début de la réparation	108	Note de crédit		✓		
103	Confirmation de la répar...	103	Livraison	04		✓	
103	Confirmation de la répar...	105	Enlèvement appareil de ...				
103	Confirmation de la répar...	107	Mise au rebut	03	✓		
103	Confirmation de la répar...	108	Note de crédit		✓		

Figure 6.7 : Moments/Opérations

Examinons cette image en détail en ne prenant que la première ligne comme exemple.

Cette ligne met en lien le moment 101 et l'opération 101.

Il ne faut pas confondre les numéros de moments et d'opérations avec les numéros de mouvements d'inventaire du module Materials Management.

Trois moments sont configurés dans ce schéma de réparation, comme il-lustré sur la Figure 6.8 :

Schéma de réparation : date/heure (1)   ×

Date/heure réparat.	Descript. synth.
101	Prise en charge de la réparation
102	Début de la réparation
103	Confirmation de la réparation

Figure 6.8 : Liste des moments

Moments

 Vous pouvez voir que les moments s'affichent en tant que DATE/HEURE RÉPARATION. En anglais, ils s'appellent des *stages*.

Après avoir vu la liste des moments, regardons celle des opérations sur la Figure 6.9 :

Schéma de réparation : opération (1)

Opérat.	≜ Désignation
101	Retours
102	Réparation
103	Livraison
104	Ordre réappro. appareil de prêt
105	Enlèvement appareil de prêt
106	Pièce de rechange
107	Mise au rebut
108	Note de crédit
109	Note de débit

Figure 6.9 : Opérations

La liste des opérations est plus longue car plusieurs opérations différentes peuvent s'appliquer au même moment.

Typiquement, les MISE AU REBUT, NOTE DE CRÉDIT et NOTE DE DÉBIT sont applicables au moment 103 qui représente la confirmation de réparation, illustrée sur la Figure 6.8.

Pour chacune des liaisons entre moments et opérations, nous devons dicter le comportement du système. Ceci se fait grâce aux trois colonnes qui suivent, visibles sur la Figure 6.10 :

▶ CONF. : via un ordre de service, on peut créer une confirmation permettant de générer l'opération qui se trouve dans la combinaison moments/opérations.

▶ MANUEL. : pour que le moment/opération se réalise, il faut une intervention manuelle.

▶ DÉFAUT : le moment/opération se réalise de façon automatisée.

La combinaison du moment 101 avec l'opération 101 est exécutée par défaut, donc automatiquement.

Cela signifie que, dès qu'une réparation est prise en charge, une commande de retour est automatiquement créée.

Figure 6.10 : Confirmation, manuel. et défaut

En fonction des moments/opérations, les confirmations peuvent diverger. Sur la Figure 6.11, vous verrez la liste pour le schéma de réparation que nous analysons.

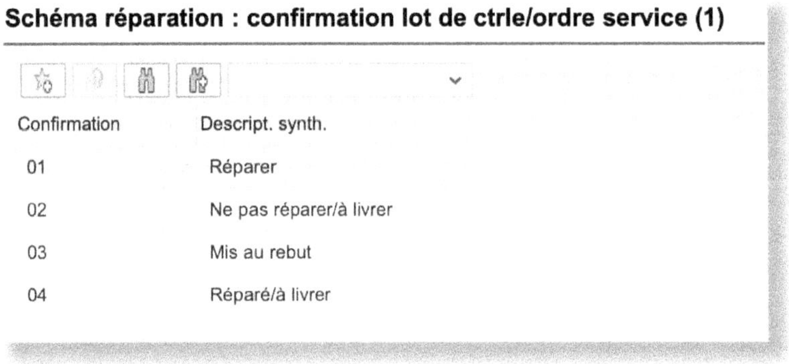

Schéma réparation : confirmation lot de ctrle/ordre service (1)

Confirmation	Descript. synth.
01	Réparer
02	Ne pas réparer/à livrer
03	Mis au rebut
04	Réparé/à livrer

Figure 6.11 : Confirmation via ordre de service ou lot de contrôle

Les types de confirmation sont dépendants des opérations auxquelles ils sont rattachés.

Une opération de réparation aura typiquement la confirmation 01 tandis qu'une opération de mise au rebut portera la confirmation 03.

Lot de contrôle

Au début du chapitre 6, nous avons vu qu'il existe trois déclencheurs possibles au processus de réparation. Un de ceux-ci est l'avis QM du module de gestion de la qualité. Un lot de contrôle est un objet de donnée qui fait partie du module QM.

Sous la définition du schéma de réparation, il est possible également de DÉFINIR LES RÉPARATIONS dans la configuration SAP.

Les réparations sont en fait les opérations que l'on voit assignées à des moments dans le schéma de réparation.

Elles peuvent être liées à un schéma de détermination d'article.

Ceci est utile lorsque l'on utilise un produit de service et que l'on veut facturer l'ordre de service de réparation avec un profil de processeur de postes dynamiques, comme on l'a vu dans la partie 5.1.2.

Les schémas de détermination de l'article peuvent être assignés à la troisième colonne de l'écran affiché sur la Figure 6.12.

Modifier vue "Schéma de réparation : opérations" : synthèse

| Menu | | Sauvegarder | Retour | Terminer | Interrompre | Systèn |

Opérat.	Désignation	Déterm. arti...	Désign.
101	Retours		
102	Réparation		
103	Livraison		
104	Ordre réappro. appareil de prêt		Locat.
105	Enlèvement appareil de prêt		EnlLoc
106	Pièce de rechange		
107	Mise au rebut		
108	Note de crédit		
109	Note de débit		

Figure 6.12 : Opérations du schéma de réparation

Sur la Figure 6.12, on voit qu'aucun schéma de détermination de l'article n'est assigné. Néanmoins, ci-dessous, les deux schémas sont illustrés sur la Figure 6.13.

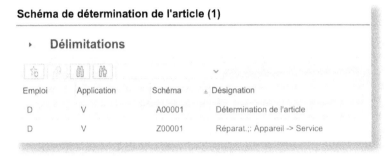

Figure 6.13 : Schémas de détermination de l'article

Maintenant que nous avons vu les principaux éléments de configuration ayant trait au processus de réparation, récapitulons là où nous en sommes.

Une commande de vente de réparation a été créée à partir d'un avis de service.

Cette commande requiert une livraison retour avec inspection de l'article retourné.

Lors de l'inspection, le technicien a trois principaux choix :

▶ ne pas réparer le téléphone et le renvoyer au client ;

▶ réparer l'article via un ordre de service et envoyer un remplacement, si les conditions de garantie le permettent ;

▶ mettre l'article au rebut.

Dans le premier cas, aucun ordre de service n'est créé et l'article est rendu au client via une livraison. Il se peut que le technicien juge la demande de réparation excessive, cosmétique ou inutile.

Dans le deuxième cas, un ordre de service est généré, celui-ci est lié au document de vente de réparation.

Les confirmations qui se font sur l'ordre de service ont une répercussion sur le statut du document de vente.

Dans le dernier cas, un mouvement d'inventaire est exécuté.

> **Attention**
>
> Les images que vous allez voir dans les pages suivantes sont fictives et ne prennent pas en compte les données propres à Smart Fone. Néanmoins, elles vous montrent les liens entre les objets transactionnels du module CS et le document de vente de réparation.

Figure 6.14 : Afficher ordre de réparation

Sur la Figure 6.14, une commande de réparation est affichée. Il faut retenir les éléments suivants :

▶ en en-tête, vous trouverez le numéro de la commande d'achat dérivé de l'avis de service qui a généré cette commande ;

▶ le POSTE est un produit de service de réparation SM-PCREP ;

▶ le fait qu'au bas de l'écran, le bouton RÉPARAT. permet de voir les données du processus de réparation.

Ce sont ces mêmes données qui s'affichent sur la Figure 6.15 :

Figure 6.15 : Données de poste.

Les données de poste nous révèlent un grand nombre d'informations sur la configuration du schéma de réparation.

Tout d'abord, en en-tête, nous avons un TYPE DE POSTE qui est noté IRRS, conçu spécialement pour ce scénario et assigné au type de document de vente SR.

Au niveau de l'onglet RÉPARATION, nous obtenons les éléments suivants :

► MODE FACTUR. : il nous indique si le client sera facturé à prix fixe ou sur charges réelles. La valeur 02 correspond à la facturation sur charges réelles.

▶ PROFIL (de processeur de postes dynamiques) : du fait que nous avons des charges réelles à prendre en compte, il faut des postes dynamiques qui permettent de déterminer le montant de la facture au client.

▶ L'ARTICLE : avec son numéro de fiche article, c'est l'article tangible qui est sujet à la réparation et non l'article service de réparation.

▶ STATUTRÉP. : à recevoir, à livrer, réparés, mis au rebut, etc.

▶ ORDRE SM : visible au bas de l'onglet, il permet de lier la commande de vente à l'ordre de service s'il existe.

Nous pouvons désormais clôturer la partie sur les réparations dans le module CS. Un processus de réparation est complexe à configurer et requiert en partie de la configuration SD.

7 Terminologie du module SAP CS

Dans les chapitres précédents, nous avons parcouru les principaux scénarios d'affaires auxquels fait face une entreprise utilisatrice du module SAP CS. Nous avons expliqué en détail la nature des principaux objets de données du module ainsi que celle de termes propres à SAP. Le but de ce chapitre est de vous donner des définitions claires et succinctes de certains termes clés qui vous permettront de mieux connaître SAP CS.

7.1   La classification

La classification ne représente pas un module en soi, mais est une composante *inter-applications* de SAP. Cela signifie qu'elle est utilisée par des données-maîtres et transactionnelles qui appartiennent à différents modules SAP (MM, PM, SD, etc.).

Nous allons vous en expliquer les principaux paramétrages et les deux objets de données qui la gèrent.

7.1.1   La caractéristique

La *caractéristique* est la première donnée-maître qui définit la classification d'un objet.

Une caractéristique représente un complément d'informations sur un objet SAP.

Elle est créée, modifiée et affichée à partir du même code de transaction : CT04.

Une caractéristique a différents attributs :

▶   une description (qui peut être multilingue) ;

▶   un groupe de caractéristiques ;

▶   une assignation à une classe ;

- ▶ un type (date, numérique, alphanumérique, etc.) ;
- ▶ un caractère obligatoire ou non ;
- ▶ un domaine de valeurs ou non ;
- ▶ une source d'informations (un champ provenant d'une table) ;
- ▶ un statut (lancée, en cours, etc.) ;
- ▶ une date de validité ;
- ▶ une catégorie de classe (dans certains cas).

Une caractéristique ne peut pas être exploitée isolément dans SAP. Elle est utilisable uniquement lorsqu'elle est associée à une classe.

7.1.2 La classe

Une *classe* est un regroupement logique de caractéristiques. Elle est créée, modifiée ou affichée via la transaction CL02.

Une classe dispose toujours d'une catégorie : la *catégorie* de classe permet de spécifier l'objet de donnée pour lequel la classe peut être utilisée. Toute catégorie de classe porte un numéro.

Seule la catégorie de classe numéro 300 (= configuration de variantes) permet à une classe d'être assignée à tout objet de données dans SAP.

Il existe donc une catégorie de classe pour chaque objet, pour ne citer qu'eux :

- ▶ un équipement ;
- ▶ un poste technique ;
- ▶ une fiche article.

Comme la caractéristique, la classe a différents attributs :

- ▶ une description ;
- ▶ un groupe de classes ;
- ▶ une liste de caractéristiques assignées ;

> ▶ un statut ;

> ▶ une date de validité ;

> ▶ une catégorie.

Sur la Figure 7.1 ci-dessous, vous pouvez visualiser un exemple de classe.

On peut voir que la transaction CL02 permet de créer, modifier, afficher ou supprimer une classe.

La catégorie de classe pour un équipement est toujours 002.

Nous sommes sur l'onglet CARACT. qui affiche une liste de caractéristiques.

Les caractéristiques ont divers attributs visibles sur cet onglet :

> ▶ un code ;

> ▶ une désignation ;

> ▶ un type ;

> ▶ le nombre de caractères ;

> ▶ l'unité de mesure (si pertinent) ;

> ▶ etc.

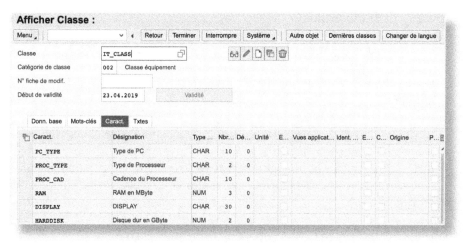

Figure 7.1 : Classe et caractéristiques

161

7.1.3   Le paramétrage

Le paramétrage de la classification se fait sous le menu des composantes inter-applications.

Un des premiers paramétrages à effectuer est la constitution de groupes :

- ▶ groupe de classes ;
- ▶ groupe de caractéristiques.

Il permet de regrouper ces deux objets selon les besoins de l'entreprise utilisatrice de SAP via des transactions de liste comme, par exemple, CT10 pour les groupes de caractéristiques.

Il est déconseillé de modifier les valeurs standards SAP pour la majorité des autres éléments de paramétrage sous la classification.

7.1.4   L'assignation de classes aux objets

Les transactions CL20N et CL30N permettent de visualiser les objets qui sont assignés à une certaine classe et inversement.

7.2   La fiche article

La *fiche article* est l'objet de données central du système SAP.

Sans fiche article, il est très difficile de justifier l'utilisation de SAP pour une entreprise.

On utilise un article dans SAP pour réaliser diverses opérations : fabriquer un produit ; recevoir du stock ; valoriser l'inventaire ; distribuer des produits ; offrir, vendre et prester des services ; construire des nomenclatures d'articles ; gérer la comptabilité de l'entreprise ; faire de la comptabilité analytique ; etc.

Dans le contexte de Smart Fone, une fiche article sert à :

- ▶ sérialiser les téléphones : lorsqu'une fiche article acquiert un numéro de série, un numéro de fiche équipement est généré automatiquement ;

- ▶ créer les accessoires de téléphone qui sont aussi vendus ;

- ▶ créer, offrir et prester des services référencés en produit de service sur les ordres de service ;

- ▶ livrer un service de réparation ;

- ▶ déterminer le prix du service sur le contrat de service ;

- ▶ utiliser des pièces détachées dans les ordres de service ;

- ▶ référencer des composants sur les opérations d'un ordre.

Les types d'articles « Z »

 Une pratique courante dans les implantations de systèmes SAP est d'utiliser des types d'articles dont le code commence par la lettre Z. Pour cela, on copie la configuration standard du type d'article pour en faire une ou plusieurs versions Z et l'adapter aux besoins de l'entreprise utilisatrice de SAP.

Type d'article et fiche article

 Dans SAP MM, une fiche article représente un article pris individuellement. Toute fiche article est reliée à un type d'article. Le type d'article est géré via la configuration tandis que la fiche article est une donnée-maître créée via une transaction.

L'article existe aussi à différents niveaux de la structure organisationnelle SAP :

- ▶ la division ;

- ▶ le domaine commercial ;

- ▶ la société ;

- ▶ le périmètre analytique.

7.3   La fiche client

Le client est le bénéficiaire du service fourni par l'entreprise qui exécute ses opérations sous le module SAP CS.

Dans un avis ou un ordre de service, le client s'appelle souvent un *donneur d'ordre*.

Le client a une adresse, différentes fonctions partenaires et existe aussi à différents niveaux de la structure organisationnelle :

▶ le mandant (= niveau le plus élevé) ;

▶ la société ;

▶ le domaine commercial.

Les principales fonctions partenaires assignées à un client sont utilisées dans les commandes et les factures de vente :

▶ le donneur d'ordre (réceptionnaire de la commande de vente) ;

▶ le payeur ;

▶ le client facturé ;

▶ le réceptionnaire de marchandises.

7.4   Le poste technique

Un *poste technique* est un regroupement physique ou logique d'équipements.

Il a été expliqué brièvement dans la partie 4.5, mais il est utile de préciser les codes des transactions utilisés pour cet objet : IL01, IL02 et IL03 permettent respectivement de créer, modifier et afficher un poste technique.

Il est aussi possible d'utiliser IH01 pour représenter de façon graphique la structure hiérarchique de postes techniques et d'équipements.

La Figure 7.2 représente l'écran initial de cette transaction.

Poste technique, représentation structure: sélection

| Menu ⌄ | | ⌄ ◄ | Sauvegarder comme variante... | Retour | Terminer | Interrompre |

Poste technique ⬚

Début de validité 23.04.2019

Eclatement

Nbre niv.vers haut

Niveaux vers le bas   1

☑ Hiérarchie postes

☐ Equipements posés

☐ Hiérarchie équipemnt

☑ Eclater type constr

☐ Explosion nomencl.

☐ Eclatement base installée

☐ Permis

☑ Objets supprimés

Délimitations (lors éclatement nomenclat.)

Division

Application   INST

☐ Nomenclature groupe

☐ Ss-ens.PM uniquement

☑ Postes PM uniqu.

Affichage

☐ Graphique

Figure 7.2 : Structure de poste technique

7.5   Le contrat de vente

Le contrat de vente et le contrat de service

Le contrat de service et le contrat de vente sont des terminologies utilisées pour désigner le même objet. Lorsque l'on parle de contrat de service, il s'agit d'un contrat de vente de services. L'article vendu est un article de type service.

Un *contrat de service*, qui est un document du module SD, représente le document de référence sur tout ordre de service créé pour un objet technique (équipement ou poste technique) pour lequel un contrat a été signé. L'objet du contrat de service est une fiche article de type service. La particularité du contrat de service est qu'il comporte un plan de facturation.

Le contrat est créé, modifié et affiché avec respectivement les transactions VA41, VA42 et VA43.

Il est possible de consulter une liste de contrats à l'aide de la transaction VA45.

Le contrat doit toujours avoir un client. Il contient plusieurs autres éléments, dont les deux suivants :

- ▶ le plan de facturation ;
- ▶ la fiche équipement.

L'onglet Plan de facturation sert à entrer les différentes dates auxquelles les clients de Smart Fone seront facturés. SAP offre essentiellement à Smart Fone l'opportunité de facturer ses clients bénéficiaires d'un contrat de service de deux façons :

- ▶ par jalons ;
- ▶ périodiquement.

La *facturation par jalons* se base sur un moment précis dans le temps ou sur l'avancement particulier de l'exécution du service. Certaines entreprises, notamment dans le secteur des services-conseil informatiques, facturent leurs clients à des jalons spécifiques d'avancement du projet d'implantation informatique. Un jalon peut représenter dans ce cas-là :

- ▶ 25% d'avancement du travail à faire ;
- ▶ la fin d'une phase particulière du projet ;
- ▶ la fin du projet.

La *facturation périodique*, quant à elle, est entièrement liée à des périodes de temps calendrier, comme vous pouvez le voir dans les exemples donnés ci-après :

- ▶ une facturation mensuelle le dernier jour du mois ;
- ▶ une facturation mensuelle le premier jour du mois ;

▶ une facturation annuelle ;

▶ une facturation mensuelle à une date spécifique.

La commande de vente et le contrat de service

 La commande et le contrat de vente sont deux documents transactionnels SD qui présentent cependant des particularités différentes. Il faut distinguer la vente du téléphone de celle du contrat de service appliqué sur l'appareil téléphone intelligent. C'est le contrat de service qui permet de faire le lien entre les modules SD et CS.

Dans le cas de Smart Fone, Annie Smart, la directrice des ventes, a pu convaincre Michael que le meilleur type de facturation à appliquer pour tous les clients est la facturation périodique. Tant les clients particuliers que les clients sociétés sont ainsi facturés sur une base mensuelle le premier jour du mois.

Types de plan de facturation

 Les types de plan de facturation font partie de la configuration du type de contrat de vente. Il est possible d'assigner différents types de facturation au même type de contrat de vente.

7.6   Le poste de travail

Le *poste de travail* est un objet que nous avons évoqué dans la partie 4.5.

Il représente une équipe de personnes ou des machines utilisées pour exécuter une opération. Il peut être assigné tant à un avis de service qu'à un ordre de service.

Dans l'avis, il apparaîtra en tant que *poste responsable* pour l'avis.

Dans un ordre de service, le poste responsable est référencé en en-tête, mais aussi au niveau des opérations de l'ordre.

Nous avons donc un poste de travail par opérations dans un ordre. Si un ordre contient plusieurs opérations plusieurs postes de travail peuvent lui être assignés.

La Figure 4.14 nous permet de voir les différents onglets d'un poste de travail :

- ▶ DONNÉES DE BASE ;
- ▶ VAL. PAR DÉFAUT ;
- ▶ CAPACITÉS ;
- ▶ ORDONNANCEMENT ;
- ▶ CALCUL DU CR.

Chaque onglet présente ses particularités. Nous allons les détailler dans les pages suivantes.

7.6.1 Les données de base

Les données de base permettent d'identifier principalement :

- ▶ le TYPE DE POSTE DE TRAVAIL que l'on utilise ;
- ▶ qui en est le RESPONSABLE ;
- ▶ les types d'ordres que vont utiliser ce poste de travail, via l'indication du TYPE DE GAMMES.

7.6.2 Les valeurs par défaut

La CLÉ DE COMMANDE peut être proposée par défaut pour un poste de travail. Elle s'utilise au niveau de l'opération d'un ordre de service.

Lorsqu'une machine ou une équipe de personnes comporte des valeurs par défaut pour les unités produites ou les heures exécutées dans une opération d'un ordre, on peut aussi y assigner des VALEURS STANDARD par défaut.

7.6.3 La capacité

La *capacité* d'un poste de travail peut être de TYPE PERSONNE ou de TYPE MACHINE.

Dans le cas de Smart Fone, nous utilisons des capacités de type personne.

C'est dans la capacité que l'on détermine différentes informations qui influent sur la durée d'un ordre de service.

L'onglet CAPACITÉ contient différents champs qui nous indiquent la base sur laquelle calculer la capacité disponible d'un poste de travail.

- ▶ HORAIRES DE TRAVAIL ET PAUSES : chaque journée de travail a une heure de début, une heure de fin et un temps de pause entre les deux. Par exemple, pour un ordre de service qui prend 8 heures à être complété, assigné à une équipe travaillant de 9 heures à 17 heures avec une heure de pause, il faut attendre le lendemain pour que la dernière heure de travail soit effectuée.

- ▶ NOMBRE DE CAPACITÉS : le nombre de personnes ou de machines qui peuvent être assignées en même temps à une opération d'un ordre de service.

- ▶ SURCHARGE : détermine s'il y a une limite à ne pas dépasser en termes de surcapacité.

- ▶ ORDONNANCEMENT À CAPACITÉ FINIE : lorsque cette case est cochée, il faut prendre en compte la capacité du poste de travail.

7.6.4 L'ordonnancement

L'ordonnancement est lié à l'onglet CAPACITÉS. Le type de capacité lié au poste de travail est affiché dans l'onglet ordonnancement.

On y voit également les différentes formules de calcul du temps à prendre en compte lorsque l'on ordonnance les opérations que le poste de travail exécute.

Les formules permettent d'indiquer si du temps de préparation, de démontage ou autre est requis entre les opérations du poste de travail.

7.6.5   Le calcul du CR (= Coût de revient)

Un poste de travail est toujours assigné à un centre de coûts.

L'utilisation de ressources machines ou de personnes engendre des coûts pour l'entreprise qui livre les services. Il faut pouvoir assigner ces coûts à un centre de coûts précis.

Celui-ci est spécifié dans l'onglet CALCUL DU CR.

Cependant, le coût est-il nécessairement le même pour toutes les personnes ? Le type d'activité permet de faire une différenciation en termes d'absorption de coûts à l'intérieur d'un même poste de travail.

Un technicien junior et un chef technicien vont typiquement faire l'objet de deux TYPES D'ACTIVITÉS différents.

Un lien est ainsi établi entre le type d'activité et le centre de coûts via les transactions KP25 et KP26.

7.7   Le plan d'entretien

Le *plan d'entretien* fait partie intégrante de la maintenance planifiée.

Il se crée via la transaction IP01.

Comme pour les avis de service, certaines transactions permettent de créer des plans d'entretien d'un type spécifique, comme vous pouvez le voir sur la Figure 7.3.

Dans le cas de Smart Fone, la transaction IP50 serait la plus adaptée.

En effet, le fait qu'il existe des contrats de vente à la base de tout entretien nous pousse à lier le plan d'entretien au poste du contrat de vente concerné.

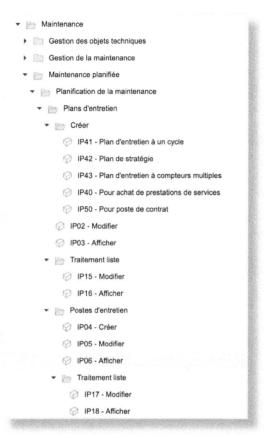

Figure 7.3 : Transactions liées au plan d'entretien

Cinq types de plan d'entretien sont également livrés par le standard SAP :

▶ PLAN D'ENTRETIEN À UN CYCLE : c'est le type de plan le plus simple à gérer. Un cycle de temps fixe est à respecter à partir d'une date de début de cycle déterminée.

▶ PLAN DE STRATÉGIE : c'est un type de plan plus complexe. Pour le comprendre, il faut savoir ce qu'est une *stratégie* : elle représente un ensemble de cycles basé sur le temps ou la performance de l'objet technique pour déterminer la création de l'objet du plan d'entretien. On peut, par exemple, créer une stratégie pour maintenir une machine qui produit des composants automobiles. On peut également combiner un cycle d'entretien semestriel avec un entretien obligatoire après qu'un certain volume de composants ait été fabriqué.

171

▶ PLAN D'ENTRETIEN À COMPTEURS MULTIPLES : il s'agit d'un plan qui associe l'utilisation de multiples compteurs pour un même objet technique afin de déterminer le prochain objet qui sera créé.

▶ POUR ACHAT DE PRESTATION DE SERVICES : ce plan d'entretien se combine avec le module SAP MM. Lorsque nous avons un achat de services à partir d'un ordre de service et quand on doit entrer des feuilles de saisie de services pour les services rendus, ce plan d'entretien est pertinent.

▶ POUR POSTE DE CONTRAT : comme mentionné plus haut, celui-ci est lié au contrat de service du module SD.

Un plan d'entretien a toujours un objet d'appel. Cet objet peut être :

▶ un ordre de service,

▶ un avis de service,

▶ une commande d'achat de services.

C'est cet objet qui sera créé, sous certaines conditions, à l'échéance du cycle, de la stratégie, du compteur multiple ou des autres types de plan d'entretien.

8 Conclusion

En appliquant les principes expliqués dans chacun des chapitres pré-cédents, Smart Fone est capable de fournir un excellent service à la clientèle en utilisant le module SAP CS à son plein potentiel. La pé-rennité d'une entreprise comme Smart Fone ou de toute société pour laquelle la qualité du service après-vente est essentielle est assurée par une gestion saine et des processus clairs qui sont appliqués dans SAP. Nous avons étudié en détail les objets transactionnels que sont les avis et les ordres de service : ils représentent le cœur de la presta-tion de service.

Récapitulons ce que nous avons vu tout au long de ce manuel :

▶ une présentation d'une société utilisatrice de SAP CS ainsi que sa structure organisationnelle SAP ;

▶ des scénarios d'affaires qui illustrent l'utilisation des deux objets transactionnels principaux du module CS : l'avis de service et l'ordre de service. Pour l'ordre, nous avons un scénario avec garantie sur l'équipement, et un autre sans garantie ;

▶ la complexité de l'intégration du module CS avec le module SD via les scénarios de réparation et les profils de processeurs de postes dynamiques.

Enfin, tout au long du livre et dans la partie Terminologie (voir chapitre 7), nous avons présenté en détail les données-maîtres sous-jacentes à l'exé-cution du service à la clientèle.

En fonction de votre rôle au sein de votre entreprise et de l'orientation que vous voulez donner à votre carrière, ce livre peut vous servir à prendre différentes décisions : implanter SAP CS dans votre entreprise, obtenir une certification SAP, vous lancer dans une carrière en tant que consultant SAP, conseiller vos collègues et vos gestionnaires sur une utilisation plus opti-male de vos objets de données SAP CS, etc.

Michael Smart, lui, peut dormir à tête reposée chaque soir, sachant que ses équipes d'agents au service à la clientèle et de réparateurs suivent des procédures claires sur l'entretien des téléphones intelligents Smart Fone au point de vente, au centre de distribution et dans les locaux de la clientèle.

Vous venez de finir ce livre.

Vous venez de finir ce livre

Découvrez nos nouveaux livres numériques.

Recevez des offres exclusives de téléchargement gratuit.

Inscrivez-vous pour recevoir notre lettre d'information !

Retrouvez-nous sur *newsletter.espresso-tutorials.com* pour plus d'informations.

A À propos de l'auteur

Diogène Ntirandekura est un consultant SAP chevronné depuis 2007.

Il a une expérience internationale riche et diversifiée, puisqu'il a implanté SAP en Europe jusqu'en 2013 pour ensuite le faire au Canada.

Le module SAP Customer Service, son module de prédilection, est riche de par son intégration avec les autres modules « phares » du progiciel SAP (SD,MM,RH,FI,CO).

Diogène a contribué à l'implantation de SAP CS en anglais, français et néerlandais dans le secteur public, comme celui des utilitaires, des transports et de la haute technologie. Après neuf ans de carrière en tant que salarié, Diogène a créé en 2017 sa propre entreprise appelée ERP Happy.

Parfaitement bilingue en français et anglais, Diogène est né à Bruxelles, en Belgique, et vit actuellement à Montréal, au Canada.

B Index

C Clause de non-responsabilité

Cette publication contient des références aux produits de SAP SE.

SAP, R/3, SAP NetWeaver, Duet, PartnerEdge, ByDesign, SAP Busines-sObjects Explorer, StreamWork et les autres produits et services SAP mentionnés, ainsi que leurs logos respectifs, sont des marques ou marques déposées de SAP SE en Allemagne et dans d'autres pays.

Business Objects et le logo de Business Objects, BusinessObjects, Crystal Reports, Crystal Decisions, Web Intelligence, Xcelsius, et les autres produits et services Business Objects mentionnés, ainsi que leurs logos respectifs, sont des marques ou marques déposées de Business Objects Software Ltd. Business Objects est une entreprise du groupe SAP.

Sybase et Adaptive Server, iAnywhere, Sybase 365, SQL Anywhere, et les autres produits et services Sybase mentionnés, ainsi que leurs logos respectifs, sont des marques ou marques déposées de Sybase, Inc. Sybase est une entreprise du groupe SAP.

SAP SE n'est ni l'auteur ni l'éditeur de cette publication, et n'est pas responsable de son contenu. Le groupe SAP ne saurait être tenu responsable d'erreurs ou omissions relatives au matériel. Les seules garanties concernant les produits et services du groupe SAP sont celles présentées dans les déclarations expresses de garantie accompagnant, le cas échéant, lesdits produits et services. Rien de ce qui est contenu dans cet ouvrage ne saurait constituer une garantie supplémentaire.

Les autres livres d'Espresso Tutorials

Sydnie McConnell, Martin Munzel :

Vos premiers pas avec SAP®

▶ Apprenez à naviguer dans SAP ERP

▶ Apprenez les bases de SAP : les transactions, entités organisationnelles, données de base, etc.

▶ Suivez des exemples simples pour progresser pas à pas, présentés dans les vidéos explicatives intégrées

▶ Découvrez la gamme de produits SAP et les nouvelles tendances d'évolution

http://5184.espresso-tutorials.com

Ann Cacciottoli :

Vos premiers pas avec SAP® Finance (FI)

▶ Une présentation générale des fonctionnalités essentielles de SAP Finance et de son intégration à SAP ERP

▶ Un guide permettant de saisir pas à pas les transactions

▶ Les capacités de reporting de SAP Finance

▶ Une pédagogie pratique s'appuyant sur des exemples et intégrant des captures d'écran

http://5185.espresso-tutorials.com

Ashish Sampat :

Vos premiers pas avec SAP® Contrôle de gestion (CO)

- ▶ Découvrez la présentation générale des caractéristiques et des fonctions de SAP CO
- ▶ Effectuez les clôtures mensuelles dans SAP Contrôle de gestion
- ▶ Réalisez la budgétisation des centres de coûts et des coûts de revient par produit, les flux de coûts reels
- ▶ Suivez une étude de cas avec des exemples concrets et des captures d'écran

http://5186.espresso-tutorials.com

Dominique Laurent

Guide pratique SAP® : Contrôle des coûts par produit (CO-PC)

- ▶ Les concepts clés de SAP Calcul du coût de revient par produit
- ▶ Une pédagogie guidée, pas à pas, pour effectuer le calcul du coût de revient standard
- ▶ Des conseils pour définir le prix des articles, analyser les écarts de fabrication et calculer le coût de revient
- ▶ La configuration détaillée de SAP CO-PC

http://5189.espresso-tutorials.com

Cyrille Debacq :

Vos premiers pas avec SAP® ABAP

▶ La création d'un programme SAP ABAP de A à Z
▶ Les instructions et transactions SAP les plus utiles
▶ Une vingtaine d'exercices avec leurs corrigés
▶ La présentation de la dernière version SAP ABAP 7.40 et de ses particularités

http://5252.espresso-tutorials.com

David Nissan-Arami, Cosmin Novac, Frank Hecker

Introduction à SAP® BusinessObjects Web Intelligence

▶ Progressez grâce à une démarche méthodique
▶ Suivez pas à pas des instructions détaillées et illustrées
▶ Découvrez d'abord les fonctionnalités les plus utilisées
▶ Approfondissez vos connaissances techniques en fin de chapitre

http://5382.espresso-tutorials.com

www.ingramcontent.com/pod-product-compliance
Lightning Source LLC
LaVergne TN
LVHW022317060326
832902LV00020B/3512